连拱隧道渗漏水
病害机理与防治研究

石建勋　刘新荣　著

重庆大学出版社

内容提要

本书系统介绍了连拱隧道渗漏水病害的产生机理及防治技术。全书共 6 章:第 1 章为绪论,论述连拱隧道渗漏水病害研究的国内外现状。第 2 章介绍公路连拱隧道渗漏水病害的现场调研情况,分析渗漏水的成因和特点。第 3 章采用改进的层次分析法对渗漏水病害影响因素进行分析,并详细介绍各因素对渗漏水病害的影响。第 4 章对整体式连拱隧道营运阶段出现的渗漏水病害进行三维数值模拟,分析不同工况下的渗漏水情况。第 5 章设计渗漏水病害模型试验,介绍雷达探测在连拱隧道渗漏水病害方面的应用及数据分析方法。第 6 章针对前文的病害机理提出一系列渗漏水防治措施。

本书可供岩土工程、结构工程、水利工程、交通工程和采矿工程等相关专业的教师、研究人员与工程技术人员参考。

图书在版编目(CIP)数据

连拱隧道渗漏水病害机理与防治研究 / 石建勋,刘新荣著. -- 重庆 : 重庆大学出版社,2022.7
ISBN 978-7-5689-3168-7

Ⅰ. ①连… Ⅱ. ①石…②刘… Ⅲ. ①双孔隧道—防水—研究 Ⅳ. ①U453.6

中国版本图书馆 CIP 数据核字(2022)第 038425 号

连拱隧道渗漏水病害机理与防治研究
LIANGONG SUIDAO SHENLOUSHUI BINGHAI JILI YU FANGZHI YANJIU
石建勋 刘新荣 著
策划编辑:王 婷
责任编辑:张红梅 版式设计:王 婷
责任校对:关德强 责任印制:赵 晟

*

重庆大学出版社出版发行
出版人:饶帮华
社址:重庆市沙坪坝区大学城西路 21 号
邮编:401331
电话:(023)88617190 88617185(中小学)
传真:(023)88617186 88617166
网址:http://www.cqup.com.cn
邮箱:fxk@ cqup.com.cn(营销中心)
全国新华书店经销
重庆升光电力印务有限公司印刷

*

开本:787mm×1092mm 1/16 印张:12 字数:178 千
2022 年 7 月第 1 版 2022 年 7 月第 1 次印刷
印数:1—1 500
ISBN 978-7-5689-3168-7 定价:78.00 元

前　言

Preface

　　在我国一些特殊的地形,如地势陡峭、脊骨相间的鸡爪地形上采用连拱隧道不仅能够很好地适应地形,而且能降低总工程造价、节约工程用地、较小地影响隧址区的环境,因此连拱隧道的采用逐渐推广开来,加上近几年来我国交通事业迅猛发展,连拱隧道得到了大量运用。然而,连拱隧道由于自身结构的特殊性及地形环境的复杂性,施工工序多、结构受力状态变化频繁、质量控制点多、施工技术难度较大且维修不便,渗漏水问题成为已建成连拱隧道中普遍存在的病害,甚至出现了连拱隧道"十隧九漏"的局面。

　　渗漏水的发生造成了隧道内路面湿滑,严重威胁行车安全;同时也增大了洞内湿度,降低了洞内设施的工作效率;在寒冷地区甚至还引发了隧道的各种冻害,进一步恶化了隧道营运环境。现阶段,连拱隧道渗漏水成了隧道设计、施工和营运中要重点解决的问题,连拱隧道防排水和渗漏治理已成为隧道工程建设的一大重要课题。

　　本书是对浙江省交通厅科技计划项目"连拱隧道渗漏水病害机理与防治关键技术研究"成果的系统总结,全书以工程实例和现场监测为基础进行验证,理论与实际相结合、模型试验和数值模拟相结合。本书首先从工程实际出发,对浙江徽杭高速公路隧道群和金丽温高速公路隧道群的渗漏水病害进行现场调研,对渗漏水进行分类,并对其渗漏水的成因及特点进行分析;然后聚焦现场调查情况,进行有针对性的机理性探讨,通过改进的层次分析法对影响连拱隧道渗漏水的因素进行权重计算和分析,弄清影响因素的主次要性,并结合有限元计算对各影响因素进行模拟计算,相互验证,同时,设计地质雷达探测渗漏水的模型试验,通过对比不同填充介质的效果,利用小波分析以及 MATLAB 等方法对实验数据进行处理分析;最后,对连拱隧道渗漏水的探测及防治提出指导性建议。另外,本书针对影响隧道渗漏水的各因素均采用不同方法进行科学详尽的机理探讨,如针对降雨与地下水位采用数值解析解的方式对渗漏水机理进行剖析,建立关于渗漏水量的解析解计算公式;针对物理化学作用引起的渗漏水病害,通过建立数学规划模型,结合蒙特卡罗法处理大量数据来揭示其机理。

　　本书由西北民族大学土木工程学院石建勋基于"连拱隧道渗漏水病害机理与防治关键技术研究"项目撰写而成,重庆大学刘新荣教授在成书过程中给予了笔者指导与帮助,在此表示真诚的感谢。另外,浙江杭徽高速公路有限公司副总经理、高级工程师钭逢光、谢洪波、田晓明以及项目组成员在现场调研期间给予了帮助与支持,忻保高速公路第五项目部项目经理高宁、杨玉达等在现场实验中提供了方便与帮助,在此一并表示感谢!

石建勋

2021 年 10 月

目　录

Contents

第 1 章　绪论 ··· 001

1.1　问题的提出及研究意义 ······························· 001

1.2　国内外研究现状 ······································· 003

1.3　主要内容 ··· 016

1.4　研究方法及技术路线 ··································· 018

第 2 章　连拱隧道渗漏水病害现场调研及成因分析 ·········· 020

2.1　高速公路连拱隧道群渗漏水调查统计分析 ··············· 022

2.2　连拱隧道渗漏水分类 ··································· 023

2.3　连拱隧道渗漏水成因及特点分析 ······················· 024

2.4　本章小结 ··· 032

第 3 章　连拱隧道渗漏水病害影响因素研究 ················· 033

3.1　改进的层次分析法对连拱隧道渗漏水病害影响因素的分析
　　 ·· 033

3.2　地质条件对连拱隧道渗漏水病害影响的分析 ············· 040

3.3　连拱隧道结构形式对渗漏水病害影响的分析 ············· 042

3.4　施工对连拱隧道渗流场影响的数值模拟 ················· 049

3.5　降雨及地下水位变化对连拱隧道渗漏水病害影响的研究
　　 ·· 069

3.6　物理、化学作用对连拱隧道渗漏水病害影响的研究 ······· 079

3.7　冻胀对连拱隧道渗漏水病害影响的研究 ················· 090

3.8　连拱隧道围岩隐块体引起渗漏水病害的探讨 ············· 097

3.9　本章小结 ······················ 104

第 4 章　整体式连拱隧道营运阶段渗漏水三维数值模拟 ·········· 107
4.1　模型的建立 ······················ 107
4.2　不同工况下不同组合的总水头分布 ············ 110
4.3　不同工况下不同组合的孔隙水压力分布 ·········· 113
4.4　不同工况下不同组合的渗流速度分布 ··········· 117
4.5　不同工况下不同组合的水力坡降分布 ··········· 120
4.6　不同工况下不同组合的孔隙水头分布 ··········· 124
4.7　本章小结 ······················ 127

第 5 章　连拱隧道渗漏水病害雷达探测试验研究 ·········· 129
5.1　连拱隧道裂隙雷达探测模型试验研究 ··········· 129
5.2　连拱隧道空洞雷达现场试验研究 ············· 147
5.3　本章小结 ······················ 152

第 6 章　连拱隧道渗漏水防治技术探讨 ············· 153
6.1　连拱隧道渗漏水结构设计防治措施 ············ 153
6.2　连拱隧道渗漏水施工防治措施 ·············· 155
6.3　降雨及地下水位变化引起连拱隧道渗漏水防治措施 ······ 156
6.4　冻胀引起连拱隧道渗漏水防治措施 ············ 157
6.5　隐块体引起连拱隧道渗漏水治理措施 ··········· 158
6.6　营运连拱隧道渗漏水治理措施探讨 ············ 159
6.7　本章小结 ······················ 169

参考文献 ·························· 171

第 1 章　绪　论

1.1　问题的提出及研究意义

　　公路隧道在我国高速公路建设和营运中具有非常重要的作用,发挥着巨大的优势,尤其是在路线线性的选取、路线的里程、行车时间以及高速公路营运效益等方面优势独特。目前,我国已建成了大陆特长隧道(如秦岭终南山隧道)、海底隧道、大跨径公路隧道等,公路隧道得到了蓬勃的发展。

　　在山岭重丘区,在水文地质、地形地貌等条件允许的情况下,隧道多采用分离式隧道或者两座独立的隧道。然而,我国存在一些特殊地形,如地势陡峭、脊骨相间的鸡爪地形,分离式隧道就很难适应。如果采用分离式隧道或者两座独立的隧道就会造成公路的整体路线不够流畅,整个工程造价增高,同时技术指标下降。这时连拱隧道的运用就能发挥巨大的作用,不仅能够很好地适应地形,而且能降低总体工程造价;不仅能够与洞外线路流畅相接,而且可以避免洞外路线分幅,节约工程用地,对隧址区的环境破坏较小。所以连拱隧道的运用备受关注,尤其近几年来,由于交通事业的迅猛发展,连拱隧道得到了广泛运用。

然而,绝大多数连拱隧道却出现了不同程度的渗漏水病害,这也是我国公路连拱隧道工程中最为常见的一种病害。渗漏水病害是长期以来困扰专家们的一个问题,连拱隧道中隔墙形式的多变性、水文地质条件的复杂性、防排水施工的不合理、隧道施工管理的缺陷等,均使得连拱隧道渗漏水成为目前地下工程中突出的质量通病和亟待解决的问题。统计分析显示:我国铁路隧道的28.4%都有严重渗漏水。交通运输部有关部门统计分析显示:我国公路隧道约30%有严重渗漏水。同时,在北京、上海和广州等城市的地下铁路隧道中,发生渗漏水情况的占30%左右。在地下工程相对来说比较发达的日本,据调查,铁路隧道渗漏水情况也达到30%以上。由于连拱隧道自身结构的特殊性以及我国地形环境的复杂性,施工工序多、结构受力状态变化频繁、质量控制点多、施工技术难度较大且维修不便等,渗漏水问题成为已建连拱隧道中普遍存在的病害,甚至出现了"十隧九漏"的局面。渗漏水的发生造成了隧道内路面湿滑,严重威胁行车安全;同时使得洞内湿度增大,降低了洞内设施的工作效率;在严寒地区渗漏水的发生还会引发隧道的各种冻害,进一步恶化隧道营运环境。现阶段,连拱隧道渗漏水成了隧道设计、施工和营运中要解决的突出问题,连拱隧道防排水和渗漏治理已经成为隧道工程建设的一大重要课题。

我国公路连拱隧道从20世纪90年代初伴随公路隧道的建设而开始运用。随着我国交通基础设施建设规模的逐步扩大和连拱隧道设计经验的逐渐积累,连拱隧道的数量不断增加,规模不断扩大,我国现已成为拥有隧道数量最多、长度最长的国家,同时也是隧道渗漏水病害最严重的国家之一,隧道渗漏水病害防治工作任重道远。所以有必要对连拱隧道渗漏水的形成机理与治理措施进行深入的研究,采取合理有效的防治措施,确保连拱隧道长期安全的营运。

1.2 国内外研究现状

1.2.1 公路隧道渗漏水病害研究现状

受隧道工程自身特点所限,在隧道施工前针对隧道渗漏的研究较少,隧道渗漏出现"亡羊补牢"的情况,其研究多集中在施工阶段防渗治理技术方面。在地下水、围岩和隧道衬砌相互作用方面,王秀英、谭忠盛、王梦恕等在隧道力学和渗流力学的基础上进行理论分析,研究在渗流应力耦合作用下围岩的力学特性,利用特征曲线法分析了不同排水量下围岩与支护的相互作用,并与数值方法计算结果进行对比。计算结果表明:不同排水量下围岩特性曲线不同,支护阻力也不同,不同排水条件下围岩有效切向应力和有效径向应力的变化很明显,排水对围岩应力以及支护体系受力的影响是不容忽视的。高新强研究了深埋隧道高地下水位铁路隧道围岩、注浆圈、衬砌背后水荷载的分布规律,并采用数值计算方法分析了隧道围岩稳定性和结构受力状态。李地元等基于流固耦合理论进行连拱隧道围岩稳定性计算,计算结果中的孔隙水压力场分布直接指导了某隧道防排水施工和支护措施改进。崔颖超和龙绪健针对大跨径连拱隧道进行了围岩支护原理和变形破坏数值分析。Zhang X F 等针对严寒地区冻土层隧道渗漏水病害用三维数值模拟方法对渗漏计算理论和处置技术做了研究。

公路隧道病害有如下特点:

①病害的形式多样,包括衬砌结构腐蚀裂损、冻害、道床破坏、渗漏水、火灾、地震等,其中渗漏水病害尤甚。

②病害处理费用较高，并且反复发作。

③成因、地质条件复杂。

公路隧道渗漏水类型多种多样，工程中常见的情况包括：

①按其发生的部位和流量分为拱顶有渗水、滴水、漏水成线和成股射流 4 种，边墙有渗水、淌水两种。

②按水源补给情况，可分为地下水补给和地表水补给两种。地下水补给有稳定的地下水源补给，其流量四季变化不大；地表水补给，其流量随地表水季节性变化而变化。同一渗漏水所处地也可能有两种补给水源。

③按渗漏形式，可分为点渗漏、缝渗漏和面渗漏 3 种。

公路隧道渗漏水问题非常普遍，也相当严重，究其渗漏水成因，主要有设计缺陷、施工不精心、管理以及材料变异等，甚至是这些原因相互作用的结果。总的来说，有如下 3 个方面的原因：

①隧道防水层失效。公路隧道中，防渗漏的第一道防线设置在复合衬砌中，也称为结构外防水。从结构上可以看出，防水将地下水与衬砌隔开，形成一个屏障，但是，在实际工程中，往往由于多种原因导致防水层失效，除防水板材料本身变异失效外，还有其他的原因，如隧道结构变形过大，防水板断裂；施工时防水板搭接不良；防水板与初衬不密贴以及外露的锚杆、钢管等破坏了防水板；等等。

②隧道接缝防水失效。施工中常常需要设置施工缝、伸缩缝、沉降缝，即"三缝"，而公路隧道中渗漏水最为严重的地方就是"三缝"处。研究资料表明，国内营运的隧道中 70% 以上的渗漏水部位都在"三缝"处。相对来说，施工缝处的渗漏水处理较容易，但是伸缩缝、沉降缝处的渗漏水治理非常困难，一次治理后短期之内有一定的效果，但时间久了渗漏水情况又会出现，这主要是因为伸缩缝、沉降缝在发挥自身作用时产生相对运动，而渗漏水治理材料却不能适应，所以堵漏也不能长久。施工过程中虽然对公路隧道变形缝进行了三道设防，但渗漏水发生的概率还是很大。

③衬砌混凝土结构自防水失效。公路隧道衬砌混凝土结构不仅发挥着承载的作用,而且还有防水的功能,也是公路隧道防水的最后一道防线。由于对其防水功能的认识不够,在实际工程中一味地增加混凝土的抗渗等级,而忽略了其施工和养护的重要性。混凝土本身是一种蜂窝麻面状结构,施工过程中对其振捣不够,或漏振、走模、漏浆等都有可能造成防水失效。公路隧道衬砌混凝土结构一般容易在拱部、墙部出现环向裂缝、纵向裂缝以及各种乱向裂缝,一旦裂缝贯穿,隧道衬砌混凝土结构自防水就会失效。

目前,我国对公路隧道渗漏水病害的研究主要集中在渗漏水调查与成因分析方面,总体上,与实际工程结合提出治理措施的研究较多,对其形成机理的研究较少。关宝树将渗漏水病害分为3类,即材料变异劣化、外力作用以及其他病害。陈吉森等通过对金丽温高速公路某隧道渗漏水进行渗漏水防治研究,利用有限元软件计算了渗流场矢量及流线分布,相应地提出了整治措施。黄镇南研究了由于选址、地质、地貌等条件引起的隧道病害以及隧道施工过程中遗留的病害,并对其成因进行了分析,提出了病害的预防和整治措施。韩常领、魏红等通过对公路隧道渗漏水的原因进行分析,提出了堵排结合与结构补强并举的防治措施(既不能盲目封堵,也不能一味引排,以保证渗漏水的整治效果),并对点渗漏、线渗漏、面渗漏、注浆等提出了具体的治理措施。

目前,虽然在隧道渗漏水病害研究方面取得了一些成果,但其系统性、实用性还有所欠缺,尚不能满足我国现有防止和减轻隧道渗漏水病害及其治理的需要,没有改变因渗漏水病害而造成的防排水设计不当和渗漏治理不彻底的现状。

1.2.2 公路连拱隧道及其渗漏水病害研究现状

1990年我国对《公路隧道设计规范》进行修订,之后,新的《公路隧道设计规范》(JTG D70—2004)于2004年颁布,并于当年11月1日开始正式实施,该规范的实施说明我国连拱隧道的发展取得了巨大的进步,标志着一个崭新的阶段在我国公路连拱隧道建设中诞生了。公路连拱隧道的设计和施工,通过近几年大量的实践总结和经验积累,取得了较大进步,在此基础上引进国内外的科研成果及新技术、新方法、新工艺和新设备,逐渐克服了一些公路连拱隧道在目前设计和施工中存在的通病。通过不断发展,在未来时间里,公路连拱隧道将进入成熟阶段。如日本已有 30 多年连拱隧道的设计和施工经验,各项技术已进入较成熟阶段。

为了满足近年我国公路连拱隧道迅猛发展的形势需要,有关建设单位、研究所、设计院、高等院校和施工单位等抽调专门人员以组织联合研究体的形式,对设计和施工中存在的一些实际问题及时地进行了研究,迅速解决了施工中存在的难题并指导施工。如浙江省金丽温高速公路建设指挥部、西南交通大学和贵州省桥梁工程总公司联合,在 2001 年开展了连拱隧道综合修建技术研究;湖北省在 2002 年开展了高速公路复杂地层双连拱隧道施工控制工艺研究与应用的交通科研。

20 世纪以来,我国在连拱隧道的设计方面涌现出许多的新思路,推出许多新经验、新成果。自铁道部第四设计院在 1992 年设计了我国第一座连拱隧道——广州白云山双连拱隧道以来,现适合当地实际条件的连拱隧道设计新思路、新经验和新成果不断出现,如福州市象山四连拱大跨度浅埋隧道的设计、半明半暗连拱隧道的设计和公路隧道组合的设计等。应特别指出的是,韩常领提出的双连拱整体式隧道设计,对通用的结构设计模式进行了改进和优化,把整体式中墙改为复合式中墙,将左右洞二次衬砌和防排水各自独立成环,更好地满足了结构受力要求和中墙渗漏水病害防治要求。这一构思已在近几年京福高速公路福建段坑面兰、沙潭隘和双溪口等隧道得到应用,并取得良好效果。

在连拱隧道施工工艺方面不断改进和优化,简化了工艺工序,缩短了工期,取得了良好的经济效益和社会效益。这些施工工艺有大跨度浅埋四连拱隧道施工工艺、中墙顶部混凝土回填和中墙防偏压处理方法、软弱围岩地段连拱隧道施工、偏压连拱隧道施工、穿越滑坡地层等,以及在营运道路条件下穿浅埋大跨三车道连拱隧道的关键技术工艺等。

在连拱隧道施工监控测量方面,进行了理论计算与实测数据的比较、分析和研究,利用其成果获得了成功的预报经验、不对称连拱隧道现场监测经验等。

在连拱隧道模型实验和现场试验方面,取得了较多的研究成果,如对连拱公路隧道施工方法进行模型实验和现场试验、施工全过程地层沉降三维数值模拟试验、隧道断面优化设计模型及其应用模拟、软弱围岩条件下隧道施工阶段的受力模拟、软弱围岩中隧道二次衬砌的力学行为模拟、偏压连拱隧道不同开挖方法的模拟,以及连拱隧道与小净距隧道施工过程的模拟等。近些年在病害治理方面也取得许多研究成果,特别是在中墙区域渗漏水灾害及其防治措施方面取得了明显效果。

有的专家在对小净距隧道开挖方法和结构受力特点进行研究后,提出以小净距隧道替代连拱隧道的设想,并在京福高速公路福建段兴建了 10 座小净距隧道代替连拱隧道,其净距多在 4.8~5.2 m,最小间距为 3.2 m,此设想得到了实现。姚振凯等认为,在隧道围岩条件较好的前提下,小净距隧道可以代替连拱隧道,但在软弱围岩条件下代替连拱隧道是很难的,甚至是不划算或是不可能的。至于连拱隧道与小净距隧道的相互转换条件和取代关系,尚需进一步研究。

对于连拱隧道而言,其断面形式对结构稳定性和防排水问题有着较大的影响。综观我国的连拱隧道,其断面形式多采用直中墙或曲中墙断面,如图 1.1 所示,同时其他因素也对其产生了不可忽视的作用。

与公路隧道相比,连拱隧道不仅存在和公路隧道相似的连拱隧道渗漏水病害,而且还有其自身的特点,其中连拱隧道中隔墙渗漏水尤甚,衬砌开裂渗漏水次之。虽然国内外已有一些文献涉及了连拱隧道渗漏水病害及其产生的原因,但多数只是停留在对病害现象的总结上,而很少对病害产生机理及与施工过程的关系进行系统分析。相对于公路隧道而言,为适应地形,连拱隧道多为短隧道、多偏压、围岩破碎且极易风化,受降雨影响明显,由于其设计理论和施工方法不是很成熟,因此现有的连拱隧道出现很多的病害,其中渗漏水则是最严重的病害之一。

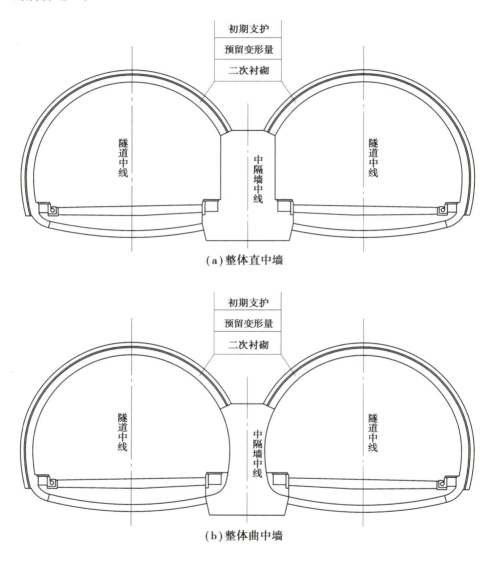

（a）整体直中墙

（b）整体曲中墙

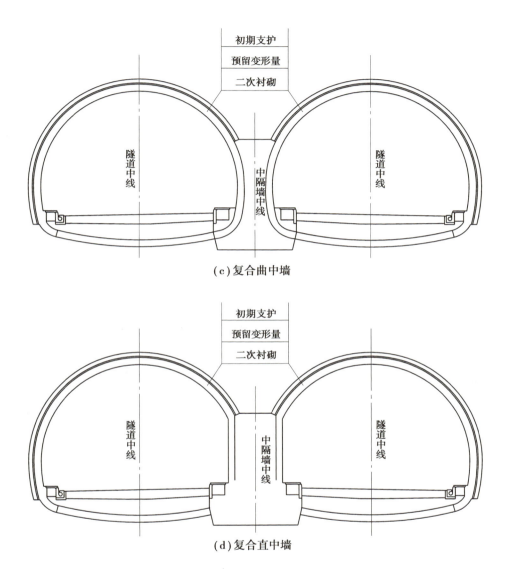

图 1.1 连拱隧道中隔墙的形式

　　钭逢光、刘新荣等对徽杭高速公路连拱隧道渗漏水进行了调研,并对其成因进行了分析,最后结合工程实例提出了具体的治理措施。刘庭金、朱合华等对云南省连拱隧道由衬砌开裂引起渗漏水的现象进行了现场调研及结果分析,提出了若干预防措施。刘新荣、王道良等对连拱隧道施工缝渗漏水利用有限元软件进行了模拟计算,得出的结果直接指导了连拱隧道"三缝"施工及渗漏水治理措施的改进。卓越、吴全立、畅学等对连拱隧道中隔墙存在的渗漏现象和成因进行了分析,针对某新建连拱隧道提出了相应的整治措施。

连拱隧道渗漏水问题一直以来都是难以整治的顽疾,是我国公路工程中的最常见病害之一,绝大部分连拱隧道都有不同程度的渗漏水病害。渗漏水病害的表现形式主要有中隔墙渗漏水且留下有白色析出物的水痕;拱顶渗水、滴水;拱脚处渗水、淌水;伸缩缝部位渗水、淌水;侧墙的渗水、淌水及局部涌水、涌泥;道床积水等。在冬天则表现为顶部形成冰挂,侧墙形成冰柱,道床形成冰堆、冰坡等。究其渗漏水形成的原因,除自身结构缺陷外,还有地质和结构因素、设计因素、施工因素等,是多个因素相互作用的结果。

(1)地质和结构因素

如果隧址区域水文地质条件较为复杂、围岩类别较差、裂隙网络发育或城市输水(排污)管线渗漏,则连拱隧道中隔墙上部与两侧拱圈之间会形成局部的集水和蓄水构造。在长期的较高地下水头作用下,中隔墙顶部与二次衬砌连接处、施工缝处等薄弱环节,往往容易发生大面积渗漏水现象。在图1.1所示的连拱隧道断面形式中,整体直中墙和整体曲中墙渗漏病害尤为突出,而复合直中墙和复合曲中墙虽然在结构整体受力与中隔墙防排水方面有了一些改善,但由于诸多原因造成的衬砌开裂为局部地下水体提供了排泄通道,在液固耦合作用下仍会产生中隔墙破坏和渗漏水病害,危害隧道安全。

(2)设计因素

在过去的规范中,"以排为主"的防排水设计指导思想在一定程度上破坏了隧址区域的水环境,也破坏了围岩的稳定性。相对来说,水在围岩与隧道支护结构间能起到一定的润滑作用,但严重地影响了相互密贴性。这一特点在粉砂土地区的浅埋隧道工程中尤为突出。"以排为主"使得大量的地下水排放,从而导致大量粉砂土流失,在隧道支护结构上方及衬砌背后出现松动,形成较大的空洞,严重时甚至在地表形成塌陷坑、涌水突泥等,进一步恶化了隧道结构受力,导致渗漏水病害的产生。

除此之外,隧道"三缝"设计不当也会造成上部衬砌施工缝、中隔墙、边墙等不处于同一横断面位置,导致施工缝中产生错接裂缝形成渗漏通道。

(3)施工因素

施工技术问题,如隧道二次衬砌施工重量超标、防水材料质量不合格、防水板铺设方法和止水带安装方法不当等,也是造成连拱隧道渗漏水病害的重要原因之一。

由于以上的一些缺陷和施工质量问题等,连拱隧道的许多公路隧道存在渗漏水现象,部分隧道还存在较严重的渗漏水情况,如海南大茅隧道、辽宁八盘岭隧道、甘肃祁家大山隧道等。

1.2.3 国内外隧道渗漏水病害防治技术研究现状

国内外对针对具体工程提出的渗漏水治理工艺研究得比较多,而针对隧道渗漏水机理的研究不是很多。对于渗漏水病害的治理,国内外主要通过设计施工阶段防排水技术、防排水失效问题研究、衬砌裂损检测及整治技术、衬砌腐蚀防治技术、防冻技术等进行。

1)设计施工阶段防排水技术

目前各国的公路隧道防排水形式通过相互学习、相互借鉴,总体趋于一致,主要有以下3种:

①全封闭型,也称为水密型,即在隧道围岩、衬砌结构之间铺设防水板,拒地下水于衬砌结构之外,并且采取各种方式不让地下水进入工程内部。

②排水型,即通过排、疏等手段,引流地下水使其进入隧道的排水系统,使隧道结构本身不被破坏。

③混合型,即将上述两者相结合,使两者相互补充,最大限度地发挥两者的作用。

目前,国内外公路隧道防排水形式基本上采用全封闭型,而在治理渗漏水时一般采用混合型。

我国隧道工程推广新奥地利隧道施工方法 30 多年来,被普遍认为比较合理的防排水做法的是,在喷射混凝土层和二次衬砌之间设置防水层,以此实现结构防水,并解决隧道防排水问题。这种做法与《铁路隧道新奥法指南》中规定的防排水原则基本一致。目前,构筑防水层主要是在初期支护与二次衬砌之间喷涂防水膜。为了增强防水膜的附着力、达到更好的防水效果,防水膜要求比较平整地喷涂在初期支护的底层。可以看出,这种防水膜在施工中要求隧道内没有涌水突泥,没有滴水,所以这种方法的缺陷就在于涂防水膜的时候其厚度和厚度的均匀性是很难控制的;此外,由于这种防水层是完全隔断水的渗漏而不能把水疏导排出,所以二次衬砌结构要承受外水压力。

2) 防排水失效问题研究

隧道工程防排水失效是隧道发生渗漏水病害的主要因素之一。隧道本身的防排水体系和防排水材料在使用过程中,由于外部施工、地下水侵蚀破坏或内部材料本身的弱化,抵抗地下水环境的能力减弱甚至全部丧失。目前,通过分析和研究隧道工程在不同地下水环境、不同施工以及管理等过程中的防排水失效现象,得出防排水失效的原因主要有如下几方面。

（1）防排水施工原因

前述统计数据表明,隧道及地下工程防排水施工是关系整个地下工程防排水功效的主要环节之一,对部分隧道防排水失效案例进行对比分析后发现,防排水失效既有施工过程中偷工减料的原因,也有工艺不完善的原因;既有施工队伍素质偏低的原因,也有施工过程管理不善的原因;既有设计欠妥的原因,也有检测不规范的原因;同时还有隧址水文环境方面的原因。由此可见,隧道防排水失效的原因也不尽相同。

目前隧道复合衬砌材料一般采用高分子防水板,其失效原因主要有以下 3 点:

a. 喷射混凝土初衬与防水板两种材料不能很好地紧密相贴,防水板在安设时的冲击、初衬面上的突出物、施工焊接时的火花等易将防水板弄破,导致渗漏水病害的发生。

b.施工过程中施工人员的错误操作,使得板与板之间的交接部位没有很好地接触,导致整个防排水失效,这也是施工的薄弱环节。

c.由于开挖出现凹凸的部位、施工中有较大空洞的壁面、变形的围岩、受挤压的二次衬砌等都是防水板易损部位,特别是结合部位更易发生断裂破坏。

过去隧道防排水有时会采用喷涂防水膜的方法防水,虽然喷涂防水膜本身的延展性较好,但是抗拉强度较低,加之喷涂防水膜很难保证其均匀性,所以一旦发生较大变形,或者承受较大外力都易导致防水膜破裂,这样就会导致整个防排水体系失效;同时喷涂防水膜的施工工艺精度要求高,一般工程很难达到。

可以看出,隧道防排水施工过程是保证工程质量的重要环节,因此应强化施工队伍的技术素质,强化并细化防排水施工的过程,针对不同的防排水方法制订相应的施工细则,同时应建立防排水施工质量监测机制。

（2）防排水设计原因

防排水设计过程中,由于一部分设计人员对防排水体系的重要性认识不够深刻,认为隧道工程的渗漏水与隧道结构没有直接的联系,对防排水材料的选取和设计方式都不够重视,所以在隧道防排水方案中没有很好地结合隧道结构特征,致使隧道防排水体系设计不合理。一般情况下,隧道工程使用寿命在100年以上,但通常并没有考虑防排水材料的使用寿命是否能达到这一要求,并且没有考虑隧道工程防排水设计时防排水系统的易更换性以及可维护性,因此存在由这一防排水设计漏洞引发的失效问题。同时由于设计中要考虑经济性问题,所以往往选择价格较低的材料,而忽视了材料质量。尽管隧道防排水工程在总体工程中所占工程费用比例较小,但还是存在由经济性问题引发的防排水失效。

（3）防排水材料变异原因

四川省某公路隧道在治理渗漏水的过程中发现,渗漏水的主要原因是相邻防水板连接部位已经失效;广州市地铁某一段区间工作人员在维修过程中发现,正在铺设和已经铺设完的防水板部分已经腐烂;某公路隧道监理人员在现场察看时,发现其防水卷材已部分变质老化,但施工人员还在铺设。这种情况的发生除了施工单位本身的缺陷外,还有其他方面的原因,如:

①防水材料本身结构不稳定,并由此导致材料结构组织变异。

②地下水中某些化学成分侵蚀防水材料。

③黏结材料变异以及微生物侵蚀。

④反复交替的冻融使得防水材料难以适应结构而变异。

⑤混凝土中劣质的添加剂,由于其含有高浓度的碱性化学物质和不容易分解的盐类,从混凝土析出,对防水卷材造成一定的侵蚀。

可以看出,导致防排水体系失效的原因中防水材料材质变异占有相当大的比例,防排水材料本身具有的缺陷,随着时间的推移和环境的恶化使其逐渐失去防排水的功能。

（4）工程结构变异原因

隧道工程长期处于反复季节性变化的气候以及复杂多变的环境中,导致隧道结构产生变异的不利因素很多,如地下水化学成分的侵蚀,反复交替的冻融、冻胀、围岩流变,混凝土本身的碳化、盐害、碱集料反应等,这些都使得隧道的衬砌发生了过大的位移、变形等,进而导致防水板不能承受过大的变形及过大的张拉力而被破坏,防排水体系失效。

（5）维护和管理原因

由于管理的不完善,防排水系统没有很好地遵循设计、施工等要求,造成防排水系统堵塞或者不畅通,而隧道防排水系统堵塞不畅通时,也没有及时地维护或者疏通,长此以往便积累了过大的水头,导致隧道结构变形过大而开裂,防排水体系被破坏。尤其是隧址处在寒冷地区的隧道,反复冻融以及冻胀力是导致结构开裂和排水管堵塞破裂的重要原因,也是最主要的原因。由此可见,隧道工程的维修养护具有重大意义。

3)衬砌裂损检测及整治技术

(1)衬砌裂损检测技术

衬砌的裂损产生的裂缝,是渗漏水流出的通道,治理裂缝对遏制渗漏水有一定的作用。对已发生病害的隧道,建立观测系统,进行跟踪测量,定期或不定期观测衬砌变形情况,详细记录裂缝(纹)的宽度和长度,以及所处的位置,分析其发展变化规律。若裂缝(纹)加大变长,说明病害在发展,应引起重视,对变化较迅速的地方应及时采取有效的措施进行加固,阻止其继续发展、恶化。另外,要根据渗漏水情况,判断结构的安全度,以决定是否采取措施。对裂缝(纹)进行观察仅能发现已开裂至衬砌表面的裂缝(纹),而无法及时发现衬砌内部的裂缝(纹)以及衬砌背后的空洞和回填不密实等情况。这往往是危及隧道结构安全、威胁行车安全的最大隐患。利用地质雷达可以精确地检测衬砌内部裂纹、相关脱空、空洞、衬砌密实度和有无积水等,并能准确反映病害存在的具体部位和范围。

(2)衬砌裂损整治技术

衬砌的裂损修补与整治是一项复杂而艰巨的工程,首先要正确判断造成衬砌裂损的原因,然后才能制订一个切实可行、效果良好的整治措施。

4)衬砌腐蚀防治技术

隧道衬砌防腐蚀措施,应首先从搞好勘测设计着手,掌握隧道工程地质和水文地质资料,查明地下水所含侵蚀性介质的来源和成分,在正确判定其对衬砌混凝土侵蚀程度的基础上,因地制宜地采取防治措施。产生腐蚀的 3 个条件是:

①腐蚀介质的存在。

②易腐蚀物质的存在。

③地下水的存在且具有流动性。

针对隧道腐蚀产生的条件,目前,国内外对隧道侵蚀采取的防治措施主要是:通过集料级配法和掺外加剂法配制防水混凝土,提高隧道衬砌的密实性和防水性,杜绝腐蚀介质的存在;通过降低混凝土中 $Ca(OH)_2$ 的浓度达到抗侵蚀的目的;通过排水设施解决地下水对隧道衬砌的影响。

5)防冻技术

在寒冷地区,冰冻对公路隧道构成极大危害,冻胀的隧道一般都会发生渗漏水病害。但目前国内工程界对隧道冻害的研究还较少,可以说,我国对隧道冻害的研究是隧道工程研究的一个薄弱环节。目前在国内公路隧道的设计中,采取的防冻措施主要有以下几种:二次衬砌后加设保温层、防寒排水洞、防寒保温门等。

1.3 主要内容

依托工程连拱隧道群渗漏水病害,采用理论分析研究、现场模型试验和数值模拟等对连拱隧道渗漏水的机理及处治措施进行分析,主要的工作如下:

①对徽杭高速公路隧道群和金丽温高速公路隧道群进行现场调研,调查渗漏水的现象,对渗漏水进行分类,并对渗漏水发生的成因及特点进行分析。

②针对现场调查情况,进行机理性探讨:

a.利用改进的层次分析法对影响连拱隧道渗漏水的因素进行分析,计算出每个因素影响渗漏水的权重,然后进行排序,得出引发高速公路连拱隧道渗漏水病害的主要因素、次要因素等。

b.对连拱隧道的结构设计进行分析,探讨其结构形式存在的问题以及整体式中隔墙防排水结构设计存在的问题,分析其结构设计对连拱隧道渗漏水的影响。

c.采用大型有限元分析软件,研究连拱隧道在考虑渗流效应时施工对渗流场的影响,即对孔隙水压力、排水速度、水力梯度等进行分析,并对其力场规律进行探讨,用以指导防排水的设计与施工,给渗漏水病害的防治提供理论依据。

d.分析降雨对连拱隧道渗漏水的影响,推导在降雨引起地下水位升高的情况下,连拱隧道裂缝、施工缝、点渗漏及面渗漏的渗漏水量的计算表达式,研究其渗漏水量与地下水位、衬砌结构厚度、裂缝宽度、面渗半径之间的相互关系。

e.根据隧道围岩内部化学反应情况,首先建立物理化学数学规划模型,即将连拱隧道围岩内部化学反应作为一个目标函数,然后以平衡原理、质量守恒定律、电荷守恒定律等为约束,利用单纯性 Monte Carlo 法求解,最后根据解的情况分析连拱隧道围岩内部侵蚀程度。通过分析结果为防排水设计提供理论依据,对连拱隧道的施工和渗漏水治理具有指导性作用。

f.分析并总结连拱隧道冻胀现象,构建连拱隧道背后缺陷,即空洞、超欠挖而未处理、衬砌与围岩密切性差等,探讨冻胀力的大小与连拱隧道围岩体和衬砌结构刚度之间的关系,以及冻胀对连拱隧道渗漏水的影响机理。

g.对连拱隧道隐块体变形、位移等进行研究,通过力学推导及检测手段等探讨隐块体对连拱隧道渗漏水的影响机理。

③利用 Midas/GTS 软件对整体式连拱隧道营运阶段三维渗流数值模拟,连拱隧道防排水体系正常情况下的3种工况,即 40 m、50 m、60 m 水头,排水管排水、连拱隧道拱顶和拱腰处渗漏、连拱隧道左右洞施工缝渗漏,在不同工况下的不同组合的渗流分析。

④利用雷达对渗漏水裂缝进行探测的模型试验,对裂隙中不同填充物的特性进行分析,探讨不同填充物的介电常数、介质传播波速的特性,再利用现场探

测、MATLAB 编程、小波分析对数据进行三维模拟,为连拱隧道渗漏水防治与防排水设计和注浆提供一定的依据。

⑤通过连拱隧道渗漏水病害机理的探讨,提出由设计因素、施工因素、降雨因素、冻胀因素、隐块体因素等引起的连拱隧道渗漏水治理措施,并对营运治理措施提出具体的施工工艺,使治理措施取得良好的效果,保证其长期安全地营运。

1.4 研究方法及技术路线

1.4.1 主要研究方法

本书采用理论与实际相结合、模型试验和数值模拟相结合,并以工程实例和现场监测为基础进行验证的方法。

1.4.2 技术路线

本书的研究技术路线如图 1.2 所示。

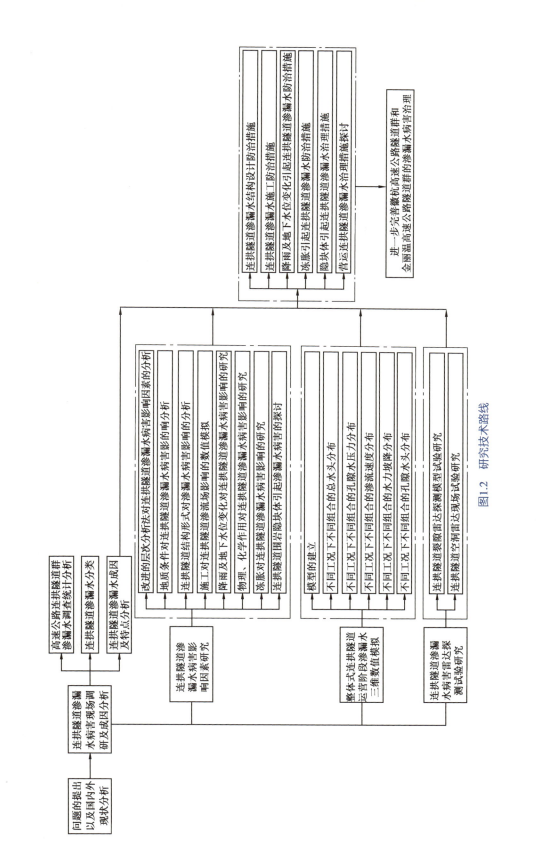

图1.2 研究技术路线

第 2 章　连拱隧道渗漏水病害现场调研及成因分析

　　针对连拱隧道渗漏水病害,课题组在资料收集与研究的基础上,曾于 2010 年 1 月、3 月、12 月先后对徽杭高速公路隧道群、金丽温高速公路隧道群进行现场调研,就两条线路的隧道渗漏水现象进行了调查与分析。

　　徽杭高速公路(图 2.1)是连接黄山与杭州两大著名旅游胜地的陆路快速通道,也是东南沿海通往华中、华东地区的主要通道。徽杭高速公路的建成通车是黄山市和交通建设发展史上的一件盛事,对黄山市优化运输和路网结构、改善投资环境、树立良好形象、提高社会经济综合发展水平起到了十分重要的作用。徽杭高速公路被誉为江南最美的高速公路。

图 2.1　徽杭高速公路地图

徽杭高速公路有着重要的意义。从区域经济发展的角度来说,徽杭高速公路是徽州地区快速发展的通途。徽杭高速公路的开通,一方面让徽州有了第一条高速公路,解决了交通瓶颈;另一方面为徽州通江达海创造了交通上的便利。从徽州方面来说,徽杭高速公路的开通一是实现了其融入长三角经济圈及浙江经济带的目标;二是将黄山市的发展纳入了以上海为龙头的区域经济发展圈。现实表明,徽杭高速公路的开通,使黄山市成了浙江客商投资最优先选择的城市,上海名城、杭州名湖、黄山名山的"三名"旅游线成为世界级的旅游精品线路,黄山市也成为长三角旅游城市"15+1"的重要伙伴。黄山市不仅旅游经济得到了快速发展,其他方面也成为杭州、浙江(包括长三角经济发达地区)等地经济发展的扩散地。

金丽温高速公路(图 2.2)起于杭金衢高速公路仙桥枢纽(起点桩号为 K0+000),经金华市、武义县、永康市、缙云县、丽水市、青田县、永嘉县、温州市,终于甬台温高速公路(终点桩号为 K234+053),全长约 234.053 km。金丽温高速公路丽温段,小型车限速由 80 km/h 提到 100 km/h。金丽温高速公路金华段主线长 61.232 km,历程桩号为 K0+000—K61+231.672,匝道长 19.28 km,途经金东区、武义、永康;其中,一期工程金华岭下朱至武义西田畈段(K12+687—K32+987),于 2001 年 12 月建成通车;二期工程起自金华高金东区仙桥,与杭金衢高速公路(K145+572)相接,终于永康市前仓镇,于 2002 年 12 月建成通车。金华段桥梁8 333.74 m/146 座,隧道 4 327.18m/8 座,最长的隧道为石城山隧道,全长1 730.18 m,高边坡 4 041m/21 处,高挡墙 650 m/3 处,高路堤 19 684 m/43 处。整条金丽温高速公路上,桥梁的里程有 70 多 km,隧道的里程超过 40 km。由于桥隧加起来的路程有 110 多 km,所以有交通专家将此条高速公路称为桥隧俱乐部。

为了最大限度地保护沿线生态,金丽温高速公路采取了沿江不占江、沿山少开山的设计思路。彭建忠介绍,最短的一条隧道仅 190 余 m。以前碰到这种情况,往往采取深挖的方式,因为这样做不仅施工较快,而且造价也比挖隧道省2/3。然而,出于保护生态的考虑,最终选择开挖隧道。正因为这样,金丽温高速

图 2.2　金丽温高速公路地图

公路也成了一条生态之路、环保之路。

　　金丽温高速公路全线贯通后,从温州到丽水只需短短 1 h,到金华只需 2 h,而从温州经金丽温高速公路、杭金衢高速公路到杭州也只需要 4 h,这标志着浙江"4 h 交通圈"正式建成。同时,金丽温高速公路与已通车的甬台温、沪杭甬、杭金衢高速公路形成了浙江省的第一个高速公路大环网,全省各主要城市之间的高速路网由现在的单一高速公路连接逐步演变为高速公路多道对接,浙江高速公路的成网效应得到充分体现。

2.1　高速公路连拱隧道群渗漏水调查统计分析

　　徽杭高速公路现场调查隧道的渗漏水情况,主要调查岳山一号隧道、岳山二号隧道、柳山隧道、平峰山隧道、丁家坞隧道、兔子岭隧道、昱岭关隧道等 7 座隧道,其中 6 座是连拱隧道,如图 2.1 所示。

金丽温高速公路主要调查阴山隧道（特长隧道）、牛廷岭隧道、大梁山隧道、东岙隧道、石溪隧道、鹤城隧道、风门亭隧道、温溪隧道、钦村隧道、马池隧道、1号棚洞、2号棚洞、里东隧道、双港口1号隧道、双港口2号隧道、凉亭根隧道、田里1号隧道、3号棚洞、田里2号隧道、4号棚洞、田里3号隧道、5号棚洞、6号棚洞、洪渡隧道、雅溪隧道、雅庄口1号隧道、雅庄口2号隧道、7号棚洞、新路隧道、雅二隧道、太平港0号隧道、太平港1号隧道、太平港2号隧道、太平港3号隧道等27座隧道和7处棚洞，如图2.2所示。

通过统计分析和现场调研发现，两条线路中都存在渗漏水病害，其渗漏水形式多样，主要有中隔墙渗漏水、连拱隧道二次衬砌渗漏水、连拱隧道三缝渗漏水、设备箱渗漏水、二次衬砌混凝土点状及面状渗漏水、洞口中隔墙及排水管渗漏水、配电支架设置不当引起渗漏水、局部横向施工缝呈现相互挤压引起渗漏水、二次衬砌局部起鼓引起渗漏水、水压作用下修补层起鼓、拱顶油渍及二次衬砌表面腐烂等。

2.2　连拱隧道渗漏水分类

依据连拱隧道渗漏水的现象以及渗漏水发生的位置，渗漏水主要划分为以下几种：

①中隔墙渗漏水。主要有中隔墙纵向施工缝渗漏水、洞口中隔墙渗漏水、中隔墙竖向施工缝渗漏水、中隔墙开裂渗漏水。

②拱腰渗漏水。拱腰二次衬砌混凝土面渗漏水、点渗漏水、拱腰起鼓渗漏水、拱腰施工缝渗漏水、拱腰二次衬砌裂缝渗漏水、拱腰横向施工缝渗漏水。

③拱脚渗漏水。拱脚至路基施工缝渗漏、拱脚裂缝渗漏水。

④拱顶渗漏水。拱顶裂缝渗漏水、拱顶油渍及二次衬砌表面腐烂渗漏水、拱顶空洞渗漏水。

⑤隧道辅助设施渗漏水。设备箱渗漏水、配电支架渗漏水、洞口排水管渗漏水。

⑥其他形式渗漏水。地下水侵蚀渗漏水、冻胀渗漏水、修补层起鼓渗漏水。

2.3 连拱隧道渗漏水成因及特点分析

连拱隧道渗漏水成因及特点分析包括以下几个方面。

1) 中隔墙渗漏水

地下水的存在以及流通,加之中隔墙顶部 V 形区域在施工中处理不当,导致地下水在 V 形区域汇聚并形成高水压,经过长期反复作用和浸泡,对防排水体系发挥自身的作用尤为不利,导致防排水体系失效,引起中隔墙部位渗漏水。中隔墙渗漏水几乎是它的通病,因为过去采取的中隔墙都是整体式,如图 1.1(a)、(b)所示,隔墙作为左右线的共用支点,应先于隧道拱部衬砌施工,中隔墙的防排水系统与左右洞紧密联系,成为一个复杂的防排水系统。同单洞隧道边墙、拱部、衬砌相比,连拱隧道中隔墙与隧道拱部结合处的防排水就成为隧道设计、施工的一个薄弱环节。截至目前,中隔墙顶的防排水一直还没有一个行之有效的解决方案,仍需不断地总结和改进,这也是整体式中隔墙发生渗漏水的一个重要的原因。复合式中隔墙如图 1.1(c)、(d)所示,防水系统与左右洞分离,左右洞和单洞隧道一样,各自有各自的防排水系统而不互相干扰,虽然复合式中隔墙克服了整体式中隔墙的缺点,发生渗漏水病害相对小一点,但是这两种中隔墙在中隔墙上都存在 V 形区域,容易有压水的情况存在,或者水中含有腐蚀性的化学物质,因此渗漏水的病害还是常常发生。

调研中发现,整体式中隔墙处渗漏水是连拱隧道中最严重的,渗漏量较大,一般呈点滴状、线状,在隧道洞口段渗漏更加严重。中岳山隧道由于施工、设计等多方面的原因,洞口段采用整体式中隔墙,洞中段采用复合式中隔墙,再加上洞口段接近地表,水文地质条件较差,洞口段渗漏比洞中段渗漏更为严重;中隔墙的纵向缝与横向缝交错,这也是产生严重渗漏水的一个原因,如图 2.3 所示。

图 2.3　中隔墙施工缝及中隔墙洞口段渗漏水

2)连拱隧道二次衬砌渗漏水

隧道局部衬砌大面积渗漏水的情况,多发生在拱腰处,使得二次衬砌颜色变黑,有发霉的倾向。其原因有多种:其一,和本书第 3 章研究的地下水的物理化学反应有关,混凝土本身就是一种不均匀体,相关的化学反应有硅酸三钙的水化、硅酸二钙的水化、铝酸三钙的水化等,这些化学反应之后形成了 $Ca(OH)_2$ 等物质,与地下水中化学物质及空气等发生了反应,慢慢地侵蚀了二次衬砌混凝土,使得渗漏越来越严重;其二,可能是二次衬砌混凝土在浇筑、配合比设计等方面存在问题,造成施工质量较差,这些因素导致隧道的防排水失效;其三,可能是二次衬砌背后过高的水压,使得地下水从二次衬砌混凝土的薄弱处浸渗而出,如图 2.4 所示。

图 2.4　连拱隧道二次衬砌面状渗漏水

3）连拱隧道"三缝"渗漏水

"三缝"即施工缝、变形缝和沉降缝。中隔墙墙面竖向沉降缝或施工缝渗漏水量较大,常在中隔墙表面出现流挂水膜,流挂水膜由墙顶延伸至墙基,如图2.5所示,一般较小,在表面形成浸水斑。中隔墙顶纵向水平施工缝点状渗漏水量较小,一般以渗漏点为中心,在表面形成浸水斑块,并有白色的钙质析出物,这和第3章研究的相关化学反应有关。该类渗水常与竖向施工缝渗漏相结合,在中隔墙混凝土表面形成"T"字形或倒三角形的浸水面;洞顶横向施工间歇缝有点状渗漏,该类渗漏数量较多,渗漏水量有大有小,与水文及地质条件密切相关,并有白色的钙质析出物,如图 2.5 所示。

图 2.5　连拱隧道渗漏水白色析出物

图 2.6　连拱隧道三缝渗漏水

"三缝"设计和施工的不合理,引起了隧道渗漏水病害。在隧道纵向方向,由于中隔墙的施工不同步于上部衬砌的施工,因此很容易导致中隔墙、边墙和上部衬砌施工缝不处于同一横断面位置,进而导致相邻的施工缝间产生错剪裂缝,这种情况在好几座隧道中出现过。由于混凝土本身的缺点,在浇筑过程中很难控制混凝土收缩、温度应力,加上台车模板挤压和定位不当等原因,施工缝往往容易产生斜向裂缝,沉降缝容易发生大错位等;施工过程中施工人员技术水平不够、管理者管理水平偏低、防水板搭接不良或被戳破及排水管被堵塞等,都容易导致"三缝"处,尤其是中隔墙与拱部连接部位发生渗漏水病害。

4)设备箱渗漏水

本次调研中还发现,隧道辅助设备配电箱和消火栓等不同部位都出现开裂并伴随渗漏水产生的情况,渗水量不是很大,要么是从设备处出现的裂缝中流出,要么是从设备周边及边框中流出。这些小设备箱一般是在二次衬砌中浇筑施工时预留的,由于不起眼,所以施工时不精心,养护也不够,加之受力不均,因此容易导致应力集中,从而引起二次衬砌结构变形开裂,成为二次衬砌结构中比较薄弱的地方,也是混凝土容易变形的部位,再加上地下水及有压地下水渗流通道很短,因此易发生渗漏水现象,如图 2.7 所示。

图 2.7　连拱隧道辅助设备处渗漏水

5) 二次衬砌混凝土点状渗漏水

调研中发现,隧道的局部衬砌发生蜂窝状渗漏水及点状渗漏水情况,如图 2.8 所示。蜂窝状渗漏水以及点状渗漏水的水量不大,但是随着时间的推移,渗漏有增大的趋势,渗出的流水在二次衬砌上留下一道水痕,带有白色的钙等物质,视觉上给人一种不美观的感受,此外,有些地方的渗漏水甚至流入了隧道辅助设备箱里,这样会造成很严重的后果。

图 2.8　连拱隧道二次衬砌混凝土点状渗漏水

6）连拱隧道洞口段中隔墙及排水管渗漏水

洞口段中隔墙渗漏水出漏,其水痕经过长期的风化而发黑,如图 2.9 所示。由于中隔墙排水管设置不当,在施工中没有按照设计施工,或者工人技术素质差,排水管没有和混凝土之间良好地黏合,导致地下水顺着排水管流出,水痕呈现发霉状态,隧道外观极差。

图 2.9　连拱隧道洞口中隔墙及排水管渗漏水

7）配电支架设置不当引起渗漏水

隧道配电支架设置不当,其中有一个支架设置在施工缝里,破坏了"三缝"的防排水系统,更严重的可能在施工工程中穿透了防水板,使得隧道防排水失效,渗漏水较大,长期渗漏留下水痕呈现白色斑迹,如图 2.10 所示。

图 2.10　连拱隧道配电支架设置不当引起渗漏水

8) 横向施工缝相互挤压引起渗漏水

由于设计、施工技术和施工组织上的原因,结构整体不能连续浇筑完成,在时间上存在一定延续性,使得混凝土在凝结时受力不均,在隧道营运时隧道围岩压力以及水压力变化不均,引起横向施工缝相互挤压,从而造成了隧道渗漏水病害的发生,如图 2.11 所示。

图 2.11　连拱隧道局部横向施工缝

相互挤压引起渗漏水

9) 二次衬砌局部起鼓引起渗漏水

二次衬砌局部起鼓的原因很多,如膨胀性岩石遇水,体积膨胀挤压;施工中形成的空洞引起受力不均;块体以及隐块体引起的变形使得二次衬砌承受不了压力;二次衬砌内部混凝土中的水泥水化物与水、CO_2 等反应的生成物以及水中盐类析出物的堆积物所引起的等。二次衬砌局部起鼓随着时间的推移,要么干湿交替剥落,要么就形成渗漏水病害,而且十分严重,如图 2.12 所示,在治理中要严谨地对待。

图 2.12　连拱隧道二次衬砌局部起鼓引起渗漏水

10) 水压作用下修补层起鼓引起渗漏水

由于在渗漏水治理过程中没有很好地了解渗漏水的原因,一味地采用较为简单的封堵技术,结果衬砌后地下水存在一定的压力,使得修补层失效,如图 2.13所示。因此应采用注浆或者化学注浆法,使防排水体系具有承压作用,这样才能达到防排水的效果。

图 2.13　连拱隧道水压作用下修补层起鼓引起渗漏水

11）拱顶油渍及二次衬砌表面腐烂引起渗漏水

拱顶油渍及二次衬砌表面腐烂也是隧道二次衬砌侵蚀的一种现象，汽车尾气中的一氧化碳、氮氧化物、碳氢化合物以及没有完全燃烧的油分等给隧道二次衬砌混凝土以及水蒸气提供了良好的化学反应条件，使得其表面疏松多孔连通性较好。随着长期的作用，二次衬砌混凝土表面腐烂，深度逐渐加深，便引起了渗漏水病害，如图 2.14 所示。此类病害的特点是隧道进出口较轻，距洞中央越近，病害越突出，且没有完全燃烧的油分造成洞内环境极差。

图 2.14　连拱隧道拱顶油渍及二次衬砌表面腐烂引起渗漏

2.4 本章小结

本章在现场调研的基础上，对高速公路连拱隧道群渗漏水病害的类型依据其发生的位置进行了归类，共划分为 6 类，即中隔墙渗漏水、拱腰渗漏水、拱脚渗漏水、拱顶渗漏水、隧道辅助设施渗漏水、其他形式渗漏水，并在此基础上对其渗漏水成因进行了分析。

第 3 章　连拱隧道渗漏水病害影响因素研究

3.1　改进的层次分析法对连拱隧道渗漏水病害影响因素的分析

3.1.1　改进层次分析法的优点

改进的层次分析法是在萨蒂(T L Saaty)等人的研究基础上,对传统的层次分析法做了一些改进,克服了传统层次分析法的一些缺陷。改进后的层次分析法解决了判断矩阵一致性问题,提高了计算精度以及收敛速度。基于此,本书采用改进的层次分析法对连拱隧道渗漏水病害的各因素进行评价。

根据问题的总目标和决策方案,传统的层次分析法把问题划分为 3 个层次:目标层 G、准则层 C 和方案层 P(图 3.1)。然后应用两两比较的方法确定决策方案的重要性,即得到决策方案 $P_1,P_2,\cdots,P_n$ 相对于目标层 G 的重要性,从而获得比较满意的决策。上述决策是一种自上而下的组合过程,而权重的分配问题不同于该过程,所以需要改进后使用该方法。

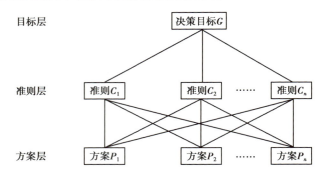

图 3.1 传统层次分析法层次结构图

3.1.2 改进层次分析法的步骤解析

改进后用于确定权重系统的层次分析法可分 4 个步骤。

第一步:明确问题,建立复杂系统评价的指标体系。

首先要对问题有明确的认识,弄清问题范围、所包含的因素及其相互关系、解决问题的目的等,然后分析系统中各因素之间的关系,分层次建立评价指标体系。

第二步:构造判断矩阵。

设同一层次待比较元素构成的行向量 $U=\{u_1,u_2,\cdots,u_n\}$,对任意 u_i、u_j 重要程度进行比较,用 r_{ij} 表示 u_i 对 u_j 重要程度的判断值,则构成判断矩阵 M,$M=(r_{ij})_{n\times n}$。显然,矩阵 M 是正互反矩阵。指标重要程度判断取值如表 3.1 所示。

表 3.1 指标重要程度判断取值表

重要程度等级	r_{ij}	r_{ji}
u_i 与 u_j 同等重要	1	1
u_i 比 u_j 稍微重要	3	1/3

重要程度等级	r_{ij}	r_{ji}
u_i 比 u_j 明显重要	5	1/5
u_i 比 u_j 强烈重要	7	1/7
u_i 比 u_j 绝对重要	9	1/9
u_i 比 u_j 重要程度介于各等级之间	2、4、6、8	1/2、1/4、1/6、1/8

第三步:层次单排序及一致性检验。

判断矩阵 $\boldsymbol{M}$ 构造完成之后,可求其最大(绝对值)特征值 λ_{max},即满足式(3.1)的最大 λ 值。

$$\begin{vmatrix} r_{11} - \lambda & r_{12} & \cdots & r_{1n} \\ r_{21} & r_{22} - \lambda & \cdots & r_{2n} \\ \vdots & \vdots & & \vdots \\ r_{n1} & r_{n2} & \cdots & r_{nn} - \lambda \end{vmatrix} = 0 \tag{3.1}$$

将求取的最大特征值 λ_{max} 代入齐次方程组式(3.2)解出 $x_1, x_2, \cdots, x_n$,于是得到最大特征值 λ_{max} 对应的特征向量 $\boldsymbol{w} = \{x_1, x_2, \cdots, x_n\}$。

$$\begin{bmatrix} r_{11} - \lambda_{max} & r_{12} & \cdots & r_{1n} \\ r_{21} & r_{22} - \lambda_{max} & \cdots & r_{2n} \\ \vdots & \vdots & & \vdots \\ r_{n1} & r_{n2} & \cdots & r_{nn} - \lambda_{max} \end{bmatrix} \begin{bmatrix} x_1 \\ x_2 \\ \vdots \\ x_n \end{bmatrix} = 0 \tag{3.2}$$

对 $\boldsymbol{w} = \{x_1, x_2, \cdots, x_n\}$ 归一化处理后即为同一层次的各因素相对于上一层级某因素的权重。这一过程称为层次单排序。

在构造判断矩阵进行两两对比判断时,由于客观事物的复杂性,所以即便是经验丰富的专家也难免会带有主观性和片面性。因此,在构造判断矩阵 $\boldsymbol{M}$ 之后,还必须进行一致性检验。由于判断矩阵 $\boldsymbol{M} = (r_{ij})_{n \times n}$ 具有正互反性,所以

可用一致性指标 C 衡量其不一致程度:

$$C = \frac{\lambda_{\max} - n}{n - 1} \qquad (3.3)$$

当 $C=0$ 时,判断矩阵是完全一致的;C 的值越大,判断矩阵不一致程度越高。根据专家经验构造的判断矩阵往往具有一定程度的不一致性,为保证层次分析法仍然可以使用,现引入随机一致性指标 R:

$$R = \frac{\overline{\lambda} - n}{n - 1} \qquad (3.4)$$

式中,$\overline{\lambda}$ 为多个 n 阶随机互反矩阵最大特征值的平均值,当随机一致性比例 $C_R = \dfrac{C}{R} < 0.1$ 时,R 的不一致性仍可接受,否则必须调整判断矩阵。随机一致性指标 R 的取值采用如表 3.2 所示的萨蒂统计结果。

表 3.2   随机一致性指标的取值表

萨蒂统计结果								
n	3	4	5	6	7	8	9	10	11
R	0.58	0.9	1.12	1.24	1.32	1.41	1.45	1.49	1.51

第四步:层次总排序及其组合一致性检验。

计算最底层各指标对于顶层指标的权重,称为层次总排序。传统的层次分析法是由最高层到最底层逐层测算方案层的重要程度。为实现权重分配的目的,我们需计算最底层元素对最高层目标的权重,因此,该权重系统的确定要改为自下而上进行。设某一层 A 包含 m 个因素 $A_1, A_2, \cdots, A_m$,它们关于上一层中某一因素 G 的权重为 $a_1, a_2, \cdots, a_m$,其下一层 B 包含 n 个因素 $B_{i1}, B_{i2}, \cdots, B_{in}$,它们关于 A_i 的权重为 $b_{i1}, b_{i2}, \cdots, b_{im}$,那么 $B_1, B_2, \cdots, B_n$ 关于 G 的权重可记为 $\boldsymbol{W} = [w_i]_{1 \times n}$,其中:

$$\boldsymbol{w} = \{w_i\} = \{a_i b_{ij}\} \qquad j = 1, 2, \cdots, n \qquad (3.5)$$

层次单排序后的判断矩阵具有一致性,因此,改进后的层次总排序无须进行一致性检验。

3.1.3　高速公路连拱隧道渗漏水病害影响因素分析

1) 建立层次结构模型

根据对徽杭高速公路连拱隧道渗漏水现场的调研以及原因分析,建立了如图3.2所示的层次结构模型。

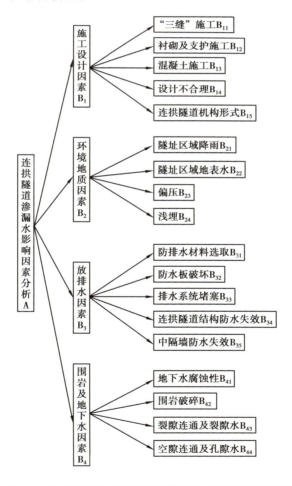

图 3.2　徽杭高速公路连拱隧道渗漏水因素的层次结构模型

2) 构造出各层次中的所有判断矩阵

通过图 3.2 构造出各层次的判断矩阵,判断矩阵通过采用 1—9 及其倒数的标度方法两两进行比较而确定。

①对于目标 A 构造的各准则 B 的相对重要性判断矩阵 A 对 B。

②同理,构造 B_i 对 B_{ij} 的判断矩阵计算权重。

③根据上述计算结果,最后计算总权重,并据此进行总的排序,结果如表3.3所示。

表 3.3　层次单排序与一次性检验

项目	最大特征值	权重(归一化的特征向量)					一致性检验		
							C	R	CR
$B \sim A$	4.150	0.345	0.088	0.415	0.152		0.010	0.900	0.000
$B_{1i} \sim B_1$	3.020	0.237	0.203	0.068	0.186	0.305	0.050	0.920	0.010
$B_{2i} \sim B_2$	4.000	0.133	0.067	0.200	0.600		0.020	0.890	0.010
$B_{3i} \sim B_3$	3.550	0.183	0.225	0.211	0.141	0.239	0.000	0.970	0.000
$B_{4i} \sim B_4$	4.180	0.231	0.192	0.269	0.308		0.060	0.950	0.020

3) 一致性检验

(1)单排序检验

由于一阶、二阶矩阵总是一致的,所以只需对 $B \sim A$、$B_{ij} \sim B_i$ 判断矩阵进行检验,如表 3.3 所示。将原始数据输入 MATLAB 中计算出:

a.对 $B \sim A$ 矩阵计算得:$CR_1 = 0.0147 < 0.1$,不一致程度在允许范围内;

b.对 $B_{ij} \sim B_i$ 矩阵计算得:$CR_2 = 0.107 \approx 0.1$,不一致程度基本满足允许条件。

(2)总排序检验

$$CR = \frac{\sum_{j=1}^{m} CI(j)a_j}{\sum_{j=1}^{m} RI(j)a_j} = 0.052 < 0.1$$

因此,一致性通过检验。

4)徽杭高速公路连拱隧道渗漏水影响因素分析

根据以上分析结果,徽杭高速公路连拱隧道渗漏水影响因素按权重大小排列如表 3.4 所示。

表 3.4　徽杭高速连拱隧道渗漏水影响因素大小

排名顺序	连拱隧道渗漏水影响因素	序号	所占百分比/%
1	连拱隧道结构形式	B_{15}	0.105 254
2	中隔墙防排水	B_{35}	0.099 414
3	防水板破坏	B_{11}	0.081 864
4	排水系统堵塞	B_{33}	0.087 718
5	"三缝"施工	B_{11}	0.081 864
6	防水材料的选取	B_{31}	0.076 023
7	衬砌及支护结构施工	B_{12}	0.070 169
8	设计不当	B_{14}	0.064 322
9	隧道结构防水失效	B_{34}	0.058 479
10	浅埋	B_{24}	0.052 62
11	裂隙及裂隙水	b_{44}	0.046 769
12	孔隙连通及孔隙水	b_{43}	0.040 923
13	地下水腐蚀性	b_{41}	0.035 077
14	围岩破碎	b_{42}	0.029 231
15	混凝土施工	B_{13}	0.023 39
16	偏压	B_{23}	0.017 54
17	隧址区降雨	B_{21}	0.011 693
18	地表水	B_{22}	0.005 847

由以上各因素的权重分析可以看出,连拱隧道的结构形式是影响连拱隧道渗漏水病害发生最主要的因素。20世纪90年代修建的连拱隧道,其隔墙都是整体式的直中墙或者整体式的曲中墙,这种形式的中隔墙自身的缺陷使得渗漏水尤为严重,直到后来采用复合式的直中墙或者复合式的曲中墙,左右洞各自成防排水体系,互不干扰,才在一定程度上遏制了渗漏水病害的发生。

此外,施工也是一个不可忽视的因素,"三缝"施工、防水板施工、排水管施工以及防水材料的选取,都应做到精心仔细,严格按照要求,只要一个因素出现问题,渗漏水病害发生的概率就会增大。

3.2 地质条件对连拱隧道渗漏水病害影响的分析

连拱隧道隧址区大多都是丘陵或者多山地带,总体上其地质特点呈现出偏压、浅埋、风化强烈、节理裂隙发育,地质构造一般较为复杂;上层滞水较为发育、围岩破碎、受隧址区域气候、温度、降雨等影响较为明显。以上诸多因素的影响以及各因素之间的相互影响,使得连拱隧道渗漏水病害较为突出。

连拱隧道隧址区地下水一般不是很发育,以风化裂隙水为主,其重要的补给来自降雨,也与地表水有关系。这种裂隙随着时间的推移,缓慢的发展便和连拱隧道衬砌发生了水力联系,一旦降雨补给水位升高,地下水便从连拱隧道薄弱区、裂缝、施工缝等位置渗出,形成渗漏水病害。

连拱隧道覆盖层水量受雨季影响。地表覆盖层由于长期的风化和植物根系作用,其透水性较好,一般情况下存有上层滞水。通过下渗,和连拱隧道有了水力联系。连拱隧道由于开挖引起的超欠挖,施工过程中没有处理的空洞等,贮存了地下水,贮存的地下水必然会努力地寻找各种排泄渠道,缓慢地发展成渗漏水,尤其是具有腐蚀性的地下水。

连拱隧道一般呈偏压,在一定程度上成了隧道地基不稳定的因素,所以隧址区围岩破碎,在开挖时容易引起不均匀沉降。其中,引起连拱隧道二衬和初衬出现开裂,形成裂缝,尤其是中隔墙最容易产生裂缝,直至发展贯通,给地下水形成了排泄的通道。在连拱隧道进出口段,由于其围岩强度不断降低、滚石不断滑落等,围岩压力变大,衬砌结构普遍发生变形,也给衬砌结构开裂创造了条件,加之山体偏压的作用,中隔墙容易发生倾斜,出现贯通裂缝以及剥落等,所以洞口段中隔墙的渗漏水病害尤为严重。

连拱隧道隧址区不管是冻土区还是严寒区,由于埋深较浅,受气温影响很明显,其冻害引起连拱隧道渗漏水病害也是比较严重的。由于围岩贮存了一定的地下水,或者空洞等充满的水体,当温度降低到 0 ℃ 以下时,水体便会冻结,水体由液态转化为固态,体积膨胀而产生的冻胀力作用于围岩或者二衬混凝土,这种周期性、季节性作用就产生了隧道渗漏水病害。由于风化强度降低,透水性较强,这就决定了季节性的降雨会使隧道围岩含水量较大,地下水位也较高。只要有冻害,渗漏水病害就必然会发生,隧道冻害程度与围岩的含水量、围岩的透水性及地下水位有关。一般来说,围岩发生冻结的过程是地下水不断被吸收的过程,围岩的透水性和地下水位对围岩的冻结速度影响极大,围岩的冻结速度与围岩的渗透系数成正比,与冻结线到地下水面之间的距离成反比。可以看出,如果能够将连拱隧道衬砌背后围岩中贮存的水尽可能地排出,则冻害的程度将会大大降低甚至消除,但实际工程中是不可能的,实际工程中只能通过连拱隧道排水系统排出衬砌背后的地下水,冻害就能减轻一些,发生渗漏水病害的概率也就小一些。

3.3 连拱隧道结构形式对渗漏水病害影响的分析

3.3.1 连拱隧道中隔墙结构设计特点

已建成营运的连拱隧道中隔墙一共有 6 种形式,按其设计结构形式和施工具体工艺可分为两大类,即整体式中隔墙和复合式中隔墙。

在设计中,一般情况下整体式中隔墙厚度相对比较薄,如果要将其厚度增大可以采用中空式的中隔墙,其施工工艺相对比较简单,同时可有效缩短工期;但其缺点是整体式中隔墙连拱隧道拱脚与中隔墙顶很容易产生施工缝,由此引起连拱隧道渗漏水病害,这一点在现场调研中也得到了证实。由于在国内 20 世纪隧道建设中,连拱隧道中隔墙大多都采用了整体式中隔墙,所以现在在役的连拱隧道渗漏水病害尤为突出。整体式中隔墙的主要形式有:整体式直中隔墙[图 3.3(a)]、中空整体式直中隔墙[图 3.3(b)]、整体式曲中隔墙[图 3.3(c)]、中空整体式曲中隔墙[图 3.3(d)]。

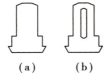

   (a)   **(b)**   **(c)**   **(d)**   **(e)**   **(f)**

图 3.3 连拱隧道整体式中隔墙形式

为了弥补整体式中隔墙渗漏水的缺点,我国近几年来大量采用复合式中隔墙,而且对其进行了优化设计。复合式直中墙[图 3.3(e)]和复合式曲中墙[图 3.3(f)]通过分次施作,使两侧外轮廓曲线与左右洞初期支护轮廓曲线衔接良好,防水板的铺设和单洞一样进行全断面铺设,在一定程度上解决了连拱隧道渗漏水病害。可以看出,这种直墙式和曲墙式中隔墙在使用中将会被慢慢淘汰,但是鉴于我国已建成营运的连拱隧道大多采用整体式中隔墙,而且渗漏水病害比较严重,所以有必要研究整体式中隔墙连拱隧道设计结构的特点,以此解决渗漏水问题。

通过以上分析发现,整体式中隔墙渗漏水病害尤为严重,所以本节主要探讨整体式中隔墙连拱隧道设计结构对渗漏水的影响。

(1)中隔墙左右洞共用

整体式中隔墙连拱隧道的左右洞相互影响,中隔墙既要承受上部围岩的压力,又是左右洞衬砌的依托,在连拱隧道的承载体系中扮演着极其重要的角色。连拱隧道的中隔墙建成后,受左右洞施工的影响,中隔墙的外部荷载与内力还要发生一定的变化,在此过程中,极易造成中隔墙开裂或其他内部损伤,给后期隧道的安全营运埋下隐患,尤其是渗漏水病害会更为突出。所以,隧道两洞共用同一承载结构——中隔墙,既有其有利的一面,也有其不利的一面。

(2)局部构造复杂

连拱隧道中隔墙顶部的构造比较复杂。不论是哪种形式的连拱隧道,其中隔墙的顶部首先要满足承受并传递各种荷载的要求,其次还要满足隧道防排水的要求,此外,还要容易施工,要同时满足上述的要求,连拱隧道中隔墙顶部的构造通常比较复杂。众所周知,隧道内的施工环境较差,复杂的结构构造使施工质量往往得不到保证,以此引起的隧道渗漏水病害一直是学术界难以解决的问题。因此,连拱隧道的局部复杂构造也增加了连拱隧道修建的难度。

3.3.2　整体式中隔墙连拱隧道设计结构存在的问题

直中隔墙连拱隧道的构造形式及其施工工艺决定了其容易出现工程质量问题。这些质量问题主要有两方面:一是衬砌开裂,二是渗漏水,而且两者多是围绕直中墙发生的。针对高速公路连拱隧道在修建和营运中常发生衬砌开裂、渗漏水等隧道质量问题,多家单位对云南省玉元、元磨、大保和昆石4条高速公路连拱隧道进行了全面调查。该调查结果一方面为云南省4条高速公路连拱隧道的健康状态评估提供了依据,并为以后修建连拱隧道在设计和施工上提供了宝贵的经验;另一方面,较为全面地了解了连拱隧道衬砌开裂分布形态、渗漏水等情况,并得出了导致这种情况发生的主要原因,为探讨隧道衬砌开裂形成机理及其扩展规律提供了宝贵素材,进而实现从根本上减少连拱隧道渗漏水病害发生的目的。基于现场病害调查结果,文献[92]对导致连拱隧道衬砌开裂、渗漏水的主要原因进行了以下初步分类,并在设计和施工中提出了相应的病害防治措施。

1) 基础不均匀沉降

基础不均匀沉降主要包括基础发生纵向和横向不均匀沉降。沿隧道纵向方向特别是在隧道明、暗洞交接地段,往往因基础发生不均匀沉降太大而导致中隔墙开裂,产生斜向裂缝,严重时裂缝贯穿基础底部,这些裂缝大多是渗漏水的发生处。在役营运隧道则表现为路面开裂。针对该情况,建议施工时紧密结合现场工程地质情况,在基底地质条件和山体地形变化较大部分沿隧道纵向加设沉降缝或变形缝。

沿隧道横断面方向,山体内外侧岩体风化程度不一,往往容易导致隧道内外侧基础发生不均匀沉降太大而出现衬砌开裂,其主要表现形式为明洞侧向开裂和洞门开裂。针对该情况,建议在施工过程中对山体边坡和外侧隧道基地采取加固措施,如外侧隧道基底加设抗滑桩。

2) "三缝"及"三缝"防水施工质量

"三缝"即为沉降缝、变形缝和施工缝,因"三缝"质量及"三缝"防水施工质量而导致的隧道病害主要表现形式为:

①在隧道纵向方向,中隔墙先于上部衬砌施工,容易导致中隔墙、边墙和上部衬砌施工缝不处于同一横断面位置,从而导致施工缝间产生错剪裂缝,该情

况在好几座隧道中均出现过。

②混凝土浇筑过程中,温度应力、混凝土收缩、台车模板挤压和定位不当等容易导致沉降缝发生大错位,施工缝旁产生斜向裂缝等病害。

③防排水处理不当。"三缝"处防排水处理不当,如防水板搭接不良、防水板被戳破和排水管被堵塞等,容易导致"三缝"处特别是中隔墙与拱部连接部位发生渗漏水病害。针对以上情况,建议施工时力保施工缝处于同一横断面位置。保证"三缝"处防排水施工质量,并合理确定混凝土浇筑时机、顺序、浇灌质量及养护。

3) 塌方,超挖、欠挖和回填不密实

①围岩塌方。在隧道施工过程中,由于工程地质条件差、施工方法不当、支护结构措施不合理,围岩发生松动,在隧道上方形成空洞甚至发生塌方事故,导致隧道支护结构受力状态与设计时所考虑的受力状态不一致,结构处于不安全受力状态。

②超挖、欠挖。爆破过程容易导致隧道断面发生超挖和欠挖。欠挖导致二次衬砌厚度达不到设计尺寸。超挖则导致支护结构背后存在空洞,一方面导致围岩稳定性进一步恶化,发生塌方和掉块现象,对结构产生过大冲击力;另一方面导致围岩对支护结构提供的抗力下降,使支护结构处于不利的受力状态。

③回填不密实。中隔墙顶部、塌方部位、支护结构背后空洞回填不密实,容易导致支护结构处于不利的受力状态,如某隧道中隔墙顶部回填不密实,导致衬砌混凝土破碎、钢筋压屈等严重病害。针对以上情况,建议采用光面控制爆破,严格控制超挖和欠挖现象发生,并加大支护结构背后空洞、塌方部位和中隔墙顶部回填力度,保证隧道支护结构处于合理的受力状态。

4) 施工管理不当

如在某隧道修建过程中,隧道开挖后发现工程地质与初勘时提供的地质情况变化较大,怀疑掌子面前方可能存在断层,当即在现场对隧道掌子面前方地

质进行了超前预报,并确认了该断层的存在。经多方讨论研究决定,及时对原隧道支护类型进行了变更,提高了其支护等级,然而两天后发现隧道掌子面前方发生大规模塌方事故。究其原因,主要是当时现场工字钢供应不到位,而隧道掌子面却不断往前方推进,使得隧道掌子面后方大范围围岩长时间暴露,得不到及时支护,从而导致了这次大规模塌方事故,造成了巨大的经济损失。针对施工管理不当这一弊病,建议对现场对施工人员和管理人员进行隧道修建常识培训,强调隧道掌子面推进与隧道及时支护结构间的重要性。

5) 防排水不当

①大量排水。《公路隧道设计规范》(JTJ 026—90)中"以排为主"的防排水设计指导思想,在一定程度上破坏了围岩的稳定性、围岩与隧道支护结构间的密贴性。这一点在粉砂土地质条件下的浅埋隧道工程中尤为突出,地下水的大量排放导致大量粉砂土流失,在隧道支护结构上方及附近形成松动区和空洞,严重时甚至在地表形成塌陷坑,从而进一步恶化隧道结构受力,导致衬砌开裂和渗漏水等病害。针对该情况,建议采取先覆盖地表塌陷坑并进行地表排水,防止地表水进入隧道附近围岩,然后对隧道周围围岩进行注浆加固,最后对地表实施回填等措施。

②低估地下水压力。在富水地层地区修建隧道,开挖后地下水原平衡状态被打破,隧道周边地下水压力减小,地下水通过各种渠道流向隧道内,当隧道衬砌和路面修建完成后,如果防排水措施处理不当,则会在隧道周围形成高水压,导致隧道结构开裂和路面冒水等病害。针对该情况,建议在富水地层进行隧道结构设计时,对地下水水压进行合理考虑。

③防排水施工质量差。中隔墙顶部排水管易被堵死,戳破和防水板搭接质量难以得到保障及中隔墙顶部容易造成大量积水形成高压水,再加上中隔墙顶部与二次衬砌连接处施工缝等薄弱环节的存在,往往容易导致中隔墙顶部与二次衬砌连接部位发生大面积渗漏水现象。针对该情况,建议考虑采取新的连拱隧道结构形成和防排水措施,如连拱隧道复合式中墙结构形式,从设计和施工

方面解决中隔墙顶部渗漏水这一严重病害。

6) 支护时机不当

以现场监测数据为基础的隧道信息化施工在近年隧道工程修建中得到了越来越广泛的应用,它为合理确定隧道支护结构施作时机提供了依据。若过早施作隧道支护结构,则易使支护结构承受过大的形变压力,导致支护结构被破坏,这一点在高岭土等膨胀地质条件下显得尤为突出;若过晚施作隧道支护结构,则易使围岩失稳,导致支护结构承受较大的围岩松动压力,造成支护结构开裂、破坏和围岩塌方等病害。如某隧道围岩(膨润土)发生大变形,导致初期支护钢拱架压屈等被破坏。针对该情况,建议在进行现场监测工作的基础上,真正做到隧道信息化施工。

7) 混凝土浇筑质量

施工工程原材料质量控制不严、混凝土水灰比过大、振捣和养护不符合规定、模板支架疏松、施工工序不合理、浇筑时基面杂物清理不干净等,往往容易造成衬砌背后特别是拱顶部位混凝土脱空、衬砌表面起蜂窝和变形缝处大错位等施工质量问题。针对该情况,建议加强现场混凝土施工监督。

8) 山体偏压、滑坡和滚石等其他因素

隧道进出口段山体偏压、滑坡和滚石等失稳现象,容易导致山体内侧隧道拱顶、拱腰部位发生衬砌开裂病害,这一病害在连拱隧道明、暗洞交接段发生较多。针对该情况,建议对边坡等进行适当治理并采取合理的隧道施工方案进行施工。

3.3.3　整体式中隔墙连拱隧道防排水设计结构存在的问题

基于现场病害调查结果,发现整体式中隔墙连拱隧道防排水设计结构存在以下几个方面问题:

1) 中墙顶部纵向单管排水

中隔墙连同其上部的衬砌局部呈"Y"字形,被防水层阻挡的地层渗水将沿防水层向中隔墙方向汇聚,为了使围岩中的渗水在中隔墙的顶部仍能顺势下排并汇聚于纵向排水管,再由与纵向排水管相连的竖向排水管下排,在中隔墙内防水层呈上凹外形,在中隔墙与衬砌的连接处防水层的铺设方向顺畅相接。纵向排水管位置位于防水层的最低部位,渗水靠反滤进入排水管,可以看出,纵向排水管和竖向排水管以及反滤层在施工中容易堵塞,特别是施工队伍技术不过硬时更容易出现堵塞现象。针对该情况,建议施工中出现排水堵塞的现象时,必须查明原因,辅以现场实验测试等特殊手段进行详细分析,坚决返工处理,确保排水顺畅。

施工时,中隔墙的外模板一次从底支到顶,每衬砌循环模板一般长 6~8 cm。混凝土由下至上整体浇筑,当浇筑至纵向排水管标高时,暂停中隔墙的浇筑。开始支设中隔墙上部"树枝"的内模板,然后浇筑"树枝"部分的混凝土。"树枝"部分的混凝土拆模后,在中隔墙顶部的槽形洞内,先铺设防水层并在上隅角留余长以备与衬砌背后的防水层相接;然后铺设顶部纵向排水管,并与中隔墙"树干"浇筑中预埋的垂直排水管用三通相连;接着用干硬性混凝土等将中隔墙顶部的槽形洞填实;最后,拆除外模板和端头模板,至此完成一节中隔墙段的浇筑。可以看出,在整体浇筑中隔墙施工工艺中,不可避免地在中隔墙的顶面两侧与上部衬砌之间会出现水平施工缝,且此施工缝是连拱隧道渗漏水病害最常发生的部位。针对该情况,建议尝试通过加强中隔墙顶部两上隅角的排水来预防水平施工缝的渗漏水发生。

2) 中墙顶部纵向双管排水

由于中墙顶部纵向单管排水存在较多的问题,工程界便尝试使用中墙顶部纵向双管排水,即在中导洞的顶部铺设向上凸的防水层,防水层在两隅角包裹纵向排水管并留出余长与上部衬砌的防水层相接。在一些设计中还要求在纵向排水管的上面铺薄层小卵石以便滤水,不少设计在水平施工缝衬砌厚度的中心设置遇水膨胀橡胶条,以防地下水从水平施工缝渗漏。

施工时,首先在中导洞的顶部铺设防水层并留余长;然后支设中隔墙的外模板并整体浇筑混凝土,浇筑至上隅角时,设法埋设纵向排水管并注意用防水层将其包裹,包裹时在管上铺薄层小卵石;最后,拆除外模板和端头模板,至此完成一节中隔墙段的浇筑。虽然中墙顶部纵向双管排水在一定程度上克服了墙顶部纵向单管排水的缺陷,但是水平施工缝等施工以及所使用膨胀橡胶条等材料变异等问题,使得渗漏水病害依然存在。针对该情况,建议施工过程中加强管理,精心施工等。

3.4　施工对连拱隧道渗流场影响的数值模拟

工程中为了方便、节约资源等,在实际施工中并不考虑连拱隧道围岩渗流场效应对隧道围岩及防排水的影响,这样也就没有考虑地下水渗流场效应的影响,与实际情况相差较大,因此在设计中过于保守,造成了较大的浪费,使得工程总造价增加。由于在施工中没有考虑渗流场对防排水的影响,出现了"十隧九漏"的局面,并且有些渗漏水的病害相当严重。为此,本书以浙江省徽杭高速公路隧道——昱岭关连拱隧道为例,通过有限元数值模拟与计算,就其施工对考虑渗流场影响进行模拟,以此做一些有益的尝试。

3.4.1　隧址区隧道工程概况

1)地形地貌

昱岭关连拱隧道位于浙西北部的天目山区,隧址如图 3.4 所示。

图 3.4　昱岭关连拱隧道隧址区地形

隧址区属于山岭区地形,地形条件十分复杂,自东向西逐渐升高,海拔高程为 120~1 100 m,山地面积占总面积的 96%。隧址区域内由于雨量充沛,地表水丰富,地表覆盖层较厚,植被茂盛。

2)气象

隧址区域属于亚热带季风气候,受东海的影响,气候温和湿润。月平均气温:8 月份最高 28 ℃,1 月份最低 5.3 ℃,极端最高气温 39 ℃,极端最低气温 −5.2 ℃,无霜期 230~240 d。

3)工程地质地层岩性

根据工程地质调绘及钻探揭示,隧址区域内发育的地层主要有奥陶系、寒武系。岩性为含碎石亚黏土、含黏性土碎石、炭质灰岩等。隧址区域从上到下的岩性为:地表覆盖含碎石黏性土及含黏性土碎石,厚度一般为 7~13 m;基岩(隧道穿越岩层)为强—中等风化炭质灰岩,产状 270°∠45°,强风化炭质灰岩厚度一般为 1~5.5 m,中风化厚度一般为 7.5~18 m;最底部为岩层微分化炭质灰岩。

4)工程地质构造

隧址区域构造单元隶属中州—昌化拱褶带(Ⅲ级),位于昌化—普陀大断裂带西端,学川—湖州大断裂西南端及学川—白水湾复式背斜一翼(轴向北东 50°

伸展,在测区一带核部由震旦系组成,两翼由寒武—奥陶系组成)。

5)水文地质

隧址区域地下水主要分为松散岩孔隙水和基岩裂隙水两大类。基岩顶部发育 7~8 m 厚的残积层,疏松多孔,连通性好,富含孔隙水;基岩为强风化—中等风化炭质灰岩,岩石节理、裂隙发育,裂隙水发育。地下水位受大气降水影响较大,大气降水是地下水的直接补给源。地下水对混凝土无腐蚀性。

3.4.2　施工对连拱隧道围岩孔隙水压力的影响

1)连拱隧道的数值分析模型

应用通用的、大型的有限元分析,建立高速公路隧道——昱岭关连拱隧道数值模型,昱岭关连拱隧道全长 170 m,明洞全长 12 m,暗洞全长 158 m。为了更能说明问题,本次计算选取的断面(K36+260)虽然有偏压效应,但是影响不是很大,不是主导因素。选取的断面地下水位较高,并且相对整个隧道而言,埋深也是最大的,其断面图如图 3.5 所示。

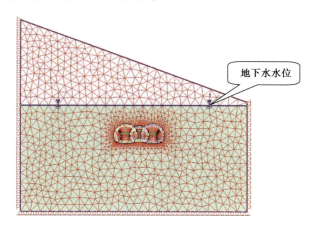

地下水水位

图 3.5　断面模型图

(1)分析模型的建立

隧道洞身工程地质构造评价资料显示,该断面穿过中等风化炭质灰岩,$V_p =$

1 900~2 800 m/s,围岩呈块碎状镶嵌结构—角碎状松散结构,节理裂隙发育,RQD=0%~20%,覆盖层稀薄,受震后极易产生地表下沉或者坍塌至地表,地下水下渗在隧道区内汇集。

针对隧道的力学分析,本书采用弹性理论中的平面应变模型进行,主要是因为隧道的横断面相对于纵向的长度来说很小,属于细长结构物,即可以假定在围岩荷载作用下,其纵向没有位移,只有横向发生位移。所以,在建模时要考虑到隧道开挖半径的影响范围。目前的研究表明,隧道开挖过程中,其影响范围大约为洞半径的 6 倍,即在水平方向上,模型分别在两洞边缘之外延伸 55 m,再加上连拱隧道本身的跨度 22 m,则宽度方向计算范围取为 132 m,在竖直方向上,向下取为隧道高度的 3 倍以上,以 40 m 计,向上取至地表,可以看出有限元数值解析区域梯形,共有 41 269 个单元。

(2)分析模型的参数确定

根据《公路隧道设计规范》(JTJ 026—90)的要求,以及工程地质勘察资料的描述,模型上部为含黏性土碎石,由于其厚度很小,在模型中进行了简化,数值分析中不考虑该层对隧道开挖的影响,中部为强—中风化炭质灰岩,下部为微—中风化炭质灰岩,二次衬砌及中隔墙采用 C25 混凝土。计算参数如表 3.5、表 3.6 所示。在数值计算中材料的力学模型采用 Mohr-Coulomb 弹塑性理论模型。

表 3.5　围岩及隧道结构物理力学参数

工程位置	岩石类型	弹性模量 E/GPa	泊松比 μ	内摩擦角 φ/(°)	容重 γ/(kN·m⁻³)	黏聚力 C/MPa	抗拉强度 R_t/MPa
K36+260	强—中风化炭质灰岩	1.0	0.45	30	20	0.4	0.07
	微—中风化炭质灰岩	1.5	0.3	40	22	1.5	0.9
	C25 混凝土	29.5	0.2	50	27	6.0	1.3

表 3.6　地下水渗流计算参数

工程位置	岩石类型	天然孔隙比 e	渗透系数 $K_H/$ $[(cm \cdot s)^{-1}]$	孔隙率 n $\left(n=\dfrac{e}{1+e}\right)$	渗透率 $K=\dfrac{K_H}{g\rho_w}/[m^2 \cdot (Pa \cdot s)^{-1}]$
K36+260	强—中风化炭质灰岩	0.67	3.2×10^{-4}	0.4	3.2×10^{-10}
	微—中风化炭质灰岩	0.43	4.5×10^{-5}	0.3	4.5×10^{-11}
	C25 混凝土	—	0(认为不透水)	—	—

利用有限元软件分析孔隙介质渗流场效应时,其渗透系数看作两种情况:一是各向同性的,二是各向异性的。参考各种文献及规范,根据工程地质实测资料确定,在有限元数值分析计算中,在裂隙围岩的等效渗透系数简化的基础上,将其作为各向同性渗透系数,将围岩的裂隙发育程度用围岩的孔隙率来简化表示。

(3)分析模型的开挖及边界条件

在实际工程中,连拱隧道的开挖是根据隧道围岩条件、地下水以及隧址的水文地质条件、施工便利等决定的,本书根据昱岭关连拱隧道施工设计方案:①先进行中导洞开挖,直至贯通,然后进行其支护;②浇筑中隔墙;③左右导洞并进行支护;④右洞上台阶开挖并进行支护;⑤右洞下台阶开挖并进行仰拱浇筑;⑥左洞上台阶开挖并进行支护;⑦左洞下台阶开挖并进行仰拱浇筑,如图3.6所示。

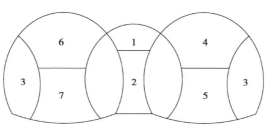

图 3.6　模型的开挖示意图

本次数值对分析隧址区域有无地下水具有作用。考虑隧道开挖过程中围岩渗流场即孔隙水压力分布、水平排水速度分布、竖向排水速度、水平水力梯度分布、竖向水力梯度分布,最后在此基础上与不考虑渗流场力场反应规律进行对比。主要开挖步骤及分析如下:

①连拱隧道开挖前围岩的初始状态孔隙水压力分布。

②隧道中导洞开挖并进行支护后围岩渗流场规律。

③中隔墙浇筑后围岩渗流场规律。

④左右导洞开挖并进行支护后围岩渗流场规律。

⑤右洞上台阶开挖并进行支护后围岩渗流场规律。

⑥右洞下台阶开挖并进行仰拱浇筑后围岩渗流场规律。

⑦左洞上台阶开挖并进行支护后围岩渗流场规律。

⑧左洞下台阶开挖并进行仰拱浇筑后围岩渗流场规律。

⑨隧道开挖完后和不考虑渗流场时施工力场反应规律。

隧道所取左右边界已超过了隧道的影响范围,所以取其边界为位移约束,同样下边界为位移约束边界,上表面为自由面。

2) 连拱隧道开挖后围岩孔隙水压力分布

在对连拱隧道围岩进行稳定性分析时,只有考虑地下水的作用才能保证计算的真实性,才能保证与工程实际相接近。考虑到渗流场效应计算的速度比较慢,占用计算机内存比较大,加之计算也比较困难,因此,在实际工程中有时不考虑渗流场效应,而只作一般的弹塑性分析,这就造成了一定的误差。

隧道开挖前,水头值为 55 m,隧道所处的围岩为饱水地层中,渗流边界条件为顶部,地表面为自由边界,固定孔隙水压力为零,而左右两边以及底部边界为不透水边界,隧道开挖前围岩孔隙水压力为静水压力,隧道底部最大静水压力为 0.19 MPa[图 3.7(a)],这也和实际计算的数值一样。

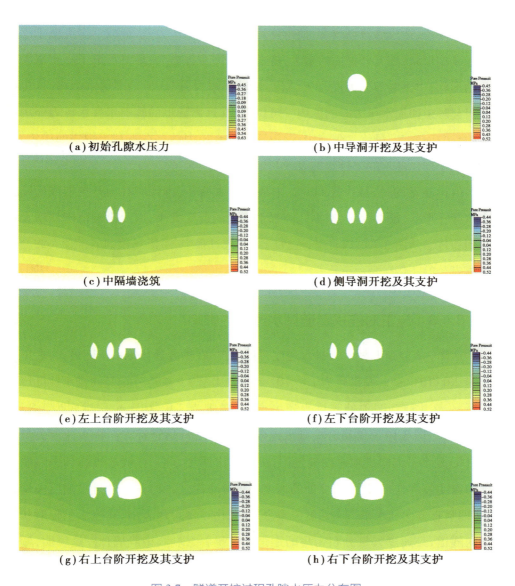

（a）初始孔隙水压力　　　　　　　　（b）中导洞开挖及其支护

（c）中隔墙浇筑　　　　　　　　　（d）侧导洞开挖及其支护

（e）左上台阶开挖及其支护　　　　　　（f）左下台阶开挖及其支护

（g）右上台阶开挖及其支护　　　　　　（h）右下台阶开挖及其支护

图 3.7　隧道开挖过程孔隙水压力分布图

隧道开挖后,隧道区开挖部分为自由透水边界,这样隧道区的渗流场就发生了改变,也符合实际情况。

图 3.7 所示为隧道开挖过程中孔隙水压力分布图。从图中可以看出,在初始水压力平衡之后,随着隧道的开挖,隧道周边围岩孔隙水压开始下降,地下水

向洞内渗透,造成渗流场改变,使得隧道周围产生水压力差,形成一个类似于渗水漏斗的形状,随着开挖面的增大,隧道渗水漏斗也增大,最终形成了一个双漏斗的形状;中拱墙部分为混凝土结构,相对于围岩,被认为是不透水结构,这也是引起隧道四周水压力差的原因。可以看出,远离隧道的孔隙水在水压力作用下向临空面流动,最终达到稳定,这说明孔隙水压力的存在不利于围岩的稳定,也不利于连拱隧道的防排水的设计与施工。

值得注意的是,从中导洞开挖形成的降水漏斗,再到左右洞开挖形成的降水双漏斗形状,最终稳定,根据孔隙水水压差的改变大小,以及影响范围从增大再到稳定。从图 3.7 可以看出,连拱隧道开挖过程中,渗流场影响的半径大约是单洞直径的 4 倍。

3.4.3　施工对连拱隧道排水速度的影响

从图 3.8 隧道开挖水平排水速度可以看出,在拱腰处其排水速度最大,右拱腰为 2.0×10^{-7} m/s,左拱腰为 1.8×10^{-7} m/s。从图 3.9 隧道开挖竖向排水速度可以看出,在拱脚和洞顶处其排水速度最大,拱脚为 2.0×10^{-7} m/s,拱底为 1.8×10^{-7} m/s。图 3.10 是隧道开挖排水速度矢量图,(a)是竖直方向排水速度矢量图,(b)是水平方向排水速度矢量图,可以看出两个方向,在隧道拱脚和中隔墙顶的速度矢量分布密集,拱墙处的速度矢量分布次之,(c)是总体排水速度矢量图,即竖直方向和水平方向速度矢量合成图,由该图可以看出,孔隙水呈辐射状涌向隧道,且速度矢量分布密集的还是隧道拱脚、拱墙、中隔墙顶。这说明,隧道开挖后渗水多发生的部位主要集中在拱部、边墙、中隔墙墙顶与左右洞接触处,中隔墙与仰拱接触处,也是隧道施工中涌水的部位,所以在实际工程设计和施工中,需特别注意这几个部位防水措施的改进。

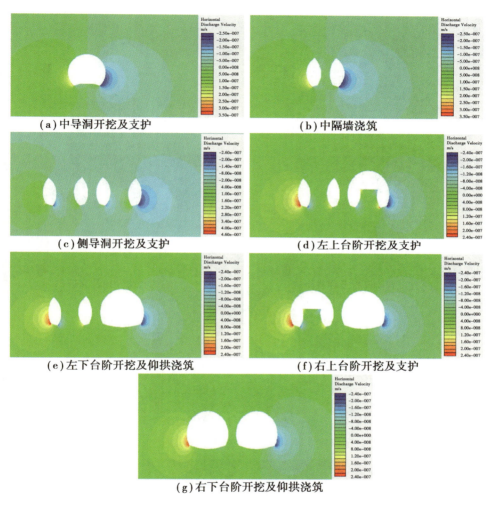

图 3.8　隧道开挖水平排水速度

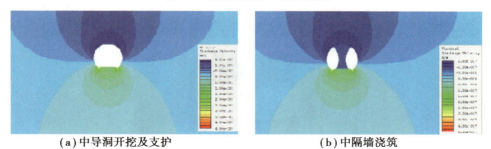

（c）侧导洞开挖及支护

（d）左上台阶开挖及支护

（e）左下台阶开挖及仰拱浇筑

（f）右上台阶开挖及支护

（g）右下台阶开挖及仰拱浇筑

图 3.9　隧道开挖竖向排水速度

（a）竖直方向排水速度矢量

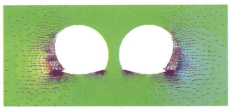
（b）水平方向排水速度矢量

（c）总体排水速度矢量

图 3.10　隧道开挖排水速度矢量图

3.4.4　施工对连拱隧道水力梯度的影响

从图 3.11 和图 3.12 水平向和竖向水力梯度可以看出,随着连拱隧道的开挖,连拱隧道左右拱腰处水力梯度变化比较明显;开挖之后,右拱腰达到了 1.6 mm,左拱腰达到了 1.8 mm,这说明在拱腰处的地下水渗进隧道,其单位渗透途径上的水头损失较大,拱腰处容易发生渗漏水,施工时要注意此处防排水的改进。

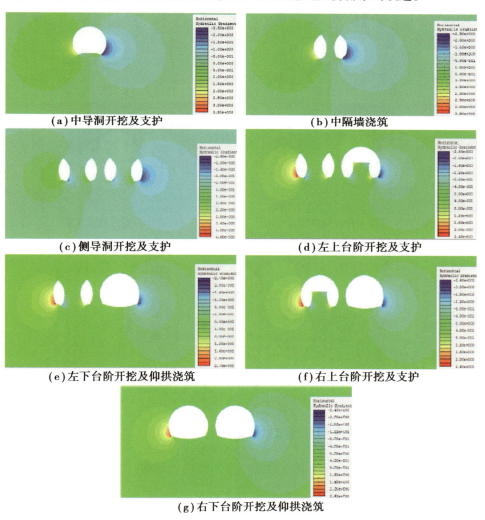

(a)中导洞开挖及支护　　　　(b)中隔墙浇筑

(c)侧导洞开挖及支护　　　　(d)左上台阶开挖及支护

(e)左下台阶开挖及仰拱浇筑　　　　(f)右上台阶开挖及支护

(g)右下台阶开挖及仰拱浇筑

图 3.11　隧道开挖水平向水力梯度

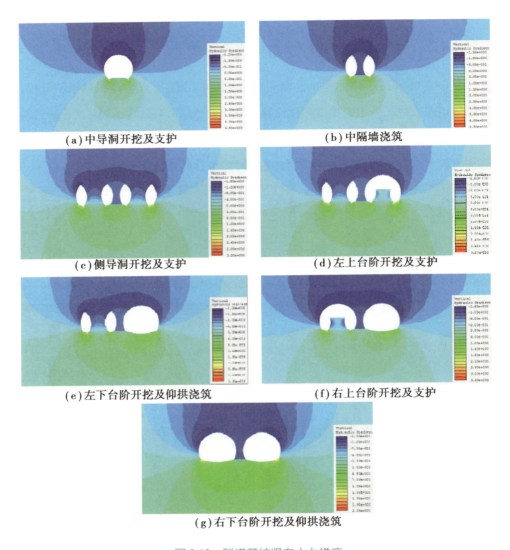

（a）中导洞开挖及支护　　　　　　　　（b）中隔墙浇筑

（c）侧导洞开挖及支护　　　　　　　　（d）左上台阶开挖及支护

（e）左下台阶开挖及仰拱浇筑　　　　　　　（f）右上台阶开挖及支护

（g）右下台阶开挖及仰拱浇筑

图 3.12　隧道开挖竖向水力梯度

3.4.5　施工对连拱隧道力场反应规律研究

以上研究考虑了渗流场效应时施工对渗流场的影响,但是随着渗流场的改变,应力场、位移场和塑性区也相应地发生改变,为了能够说明问题,本书进行了不考虑渗流场效应时,施工对连拱隧道开挖时的应力场、位移场和塑性区的

分析（数值分析模和考虑渗流场效应的效应分析模型完全一样，参数如表 3.5
所示），然后两者进行对比。

1）不考虑渗流场时，应力场、位移场、塑性区特性分析

原始的岩体是处于一种稳定平衡状态的地质体，隧道的开挖，洞壁岩体因
失去了原有岩体的支撑，使得原来的平衡状态遭到了破坏，而向洞内空间胀松
变形，从而改变了相邻质点的相对平衡关系，引起应力、应变和能量等的调整，
以达到新的平衡状态。

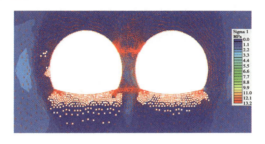

图 3.13　不考虑渗流场效应隧道开挖最大主应力

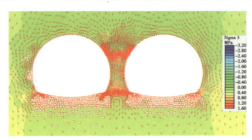

图 3.14　不考虑渗流场效应隧道开挖最小主应力

图 3.13 和图 3.14 是隧道开挖过程中连拱隧道周围围岩最大主应力和最小
主应力图，可以看出，○表示曾经处于拉伸破坏状态或是正处于拉伸破坏状态，
×表示曾经处于剪切破坏状态或是正处于剪切破坏状态。随着开挖的进行，最
大主应力和最小主应力在隧道周围进行了环绕分布，最大主应力在中隔墙顶出
现了一定的应力集中，最大主应力达到了 3.9 MPa，在隧道仰拱处和边墙处出现
了剪切力，尤其是随着开挖的进行，仰拱处出现了剪切破坏。值得注意的是，中

隔墙顶部及底部应力比较集中,尤其是上部和左右洞相接处、底部与左右洞拱脚相接处,表现得更为突出。在开挖完上台阶之后,下台阶基本处于剪切破坏状态。从图3.13和图 3.14 中可以看出,在连拱隧道开挖过程中,围岩尤其是隧道周围围岩单元发生了应力重分布,靠近连拱隧道两侧的拱脚尤为突出,竖直方向的应力集中比较明显,水平方向发生了一些应力释放,但是,在水平方向的应力基本上没有变化或者略有些降低。

图 3.15 不考虑渗流场效应隧道开挖竖向位移

图 3.16 不考虑渗流场效应隧道开挖水平位移

图 3.15 和图 3.16 是隧道开挖过程中竖直位移图和水平位移图,不考虑渗流场效应,也没有考虑左右洞先后开挖顺序的影响。但是和实际相结合,本次计算受偏压的影响,其效果不是很明显。当隧道开挖后,隧道的竖直位移左右洞不对称,从上图中可见,隧道拱顶的最大位移值为 2.1 mm,同时拱底上升,最大位移值为 1.8 mm,在水平方向上,随着开挖的进行,中隔墙有向先开挖的一侧移动的趋势,隧道整体有向右侧移动的趋势,侧墙向洞内移动,其位移值不是很大,一般都在 1 mm 左右,右洞的位移略大于左洞的位移,但是隧道还是在径向

方向上收敛。

隧道开挖后,由于围岩应力重新分布,在围岩局部应力集中的区域会造成围岩剪切破坏或拉伸破坏。从图 3.17 隧道开挖后塑性区分布图可以看出,在不考虑渗流场效应的情况下,隧道开挖后,隧道周边一圈围岩几乎全部处于塑性区状态,它们基本上是处于剪切破坏状态或曾经处于剪切破坏状态。右洞拱底塑性区有扩展的趋势,但不明显。值得注意的是,中隔墙墙顶及墙底与左右洞相接处塑性区分布较广,尤其是和拱脚相接处塑性区已经处于破坏状态,在实际工程中要做好此处的施工和设计。在开挖后应及时进行支护,以免此处隧道拱底的塌方;同时应细致地做好此处的防排水施工,以免以后在营运中发生渗漏水病害。

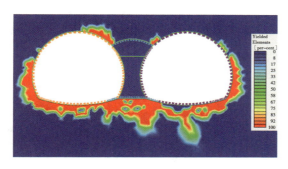

图 3.17　不考虑渗流场效应隧道开挖后塑性区分布图

连拱隧道的中隔墙为左右双洞共用,是整个隧道受力转换和受力平衡的支撑点,在其承载体系中扮演着极其重要的角色。中隔墙所受荷载主要来自两部分:①上覆岩土的压力荷载;②左右洞施工后,经支护结构传至中隔墙顶部的荷载。

中隔墙上作用的荷载受到的影响因素较为复杂,计算过程中应考虑隧道地质条件、施工方法和施工动态过程等因素。本次计算由于受偏压的影响,如图 3.18 所示,连拱隧道中隔墙的受力特征不是对称分布的,中隔墙右侧底部和中隔墙顶部左右侧应力比较集中,水平应力最大为 1.2 MPa,竖向应力最大为 5.6 MPa,这说明隧道在开挖没有支护时,中隔墙起着主要的承力作用。

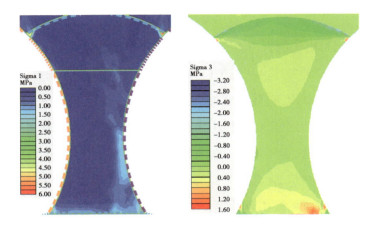

图 3.18　不考虑渗流场效应隧道开挖中隔墙受力特征

2) 考虑渗流场时,应力场、位移场、塑性区特性分析

　　由于渗流场改变而引起了围岩内孔隙水压力改变,而孔隙水压力改变导致了围岩有效应力改变,所以在考虑渗流场效应后,隧道开挖后围岩应力场与不考虑渗流场效应时有所不同。图 3.19 和图 3.20 是隧道开挖过程中考虑渗流场效应的连拱隧道周围围岩最大主应力和最小主应力图,隧道开挖对围岩产生扰动,使得围岩应力发生二次分布,加之开挖后考虑了渗流场效应的影响,使得岩石中孔隙水压力也随之发生了变化,尤其是隧道周边的孔隙水压力,使得在考虑渗流场效应作用下,比不考虑渗流场效应时在竖直方向的应力值降低 8% 左右,变化不大;而在水平方向上应力值降低 25% 左右,说明在水平方向的影响比较大。

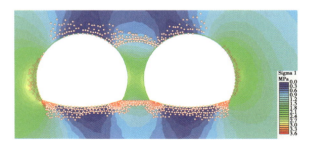

图 3.19　考虑渗流场效应隧道开挖最大主应力

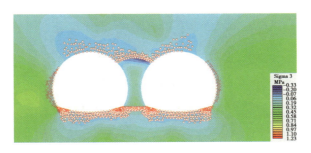

图 3.20　考虑渗流场效应隧道开挖最小主应力

隧道开挖后,由于应力释放,围岩产生指向开挖面内部的回弹变形,再加上渗流场的作用,顶拱和底板以竖向位移为主,边墙以水平位移为主。在考虑渗流场效应作用的分析中,由于考虑了隧道围岩的孔隙水压力的变化,围岩有效应力的变化会使围岩孔隙率降低,从而导致更大的围岩位移。

图 3.21 和图 3.22 是隧道开挖过程中的位移图,从图中可以看出,在考虑渗流场效应时,隧道周围围岩竖向位移有较大的区别,隧道拱底的最大竖向位移达到了 4.3 mm,隧道拱底上升了 3.7 mm,和不考虑渗流场效应时相比增大了 1 倍左右,而水平位移在考虑渗流场效应和不考虑渗流场效应时相差不大,这说明考虑渗流场效应对隧道围岩的水平位移影响不大。在考虑渗流场效应时,中隔墙的竖向位移明显比不考虑渗流场效应时增大,其主要原因是连拱隧道中隔墙上方"V"形区域形成了较高的水压,使得其竖向位移增大。针对该情况,建议施工过程中做好中隔墙顶部排水系统,一旦中隔墙排水系统堵塞或者失灵,就会造成过高的水压力,对中隔墙的受力和位移更加不利。

图 3.21　考虑渗流场效应隧道开挖竖向位移

图 3.22　考虑渗流场效应隧道开挖水平位移

图 3.23 为考虑渗流场效应时的隧道开挖后塑性区的分布,可以看出,和不考虑渗流场效应时相比,塑性区的分布区域基本相同,但是分布的范围有所降低,这主要是由于地下水的存在使得连拱隧道围岩的有效应力降低,而在计算中也考虑了地下水对围岩强度的弱化影响。而在不考虑地下水渗流场效应时,并没有考虑地下水对围岩强度的影响,使得在计算中存在一定的误差。中隔墙承受的荷载和不考虑渗流场效应时基本相同,中隔墙右侧底部和中隔墙顶部左右侧应力比较集中,只是在考渗流场效应时,认为中隔墙是不透水的,所以,此时应力的改变主要来自中隔墙墙顶过大的水压力,使得中隔墙竖向压力有所增大,水平应力略有增大,这对中隔墙是十分不利的。

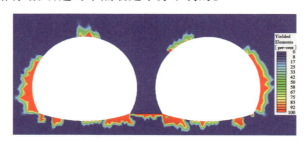

图 3.23　考虑渗流场效应隧道开挖后塑性区分布图

3) 计算结果与实际监测结果对比

在昱岭关连拱隧道左右洞开挖过程中,业主委托重庆大学对隧道变形进行了全程监测,表 3.7 为重庆大学对昱岭关连拱隧道左线在 K36+260 断面处长达 3 个月的拱顶沉降量测计算结果。图 3.25 为隧道左线开挖后拱顶累计沉降量随时间的变化曲线,根据前节中考虑渗流场效应的数值计算的结果进行对比。

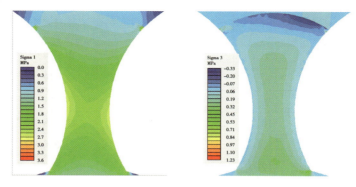

图 3.24　考虑渗流场效应隧道开挖中隔墙受力特征

表 3.7　昱岭关连拱隧道左线 K36+260 断面处拱顶沉降量测计算表

时间					累计时间/d	累计沉降量/mm
年	月	日	时	分		
	7	21	16	0	0.000	0.000
	7	22	16	0	1.000	0.361
	7	23	9	30	1.729	0.753
	7	24	9	0	2.708	1.005
	7	25	11	0	3.792	0.846
	7	26	16	0	5.000	1.137
	7	27	17	0	6.042	1.443
	7	28	18	20	7.097	1.721
2004	7	29	16	30	8.021	2.014
	7	30	17	30	9.063	2.237
	7	31	16	50	10.035	2.242
	8	1	16	30	11.021	2.458
	8	2	17	10	12.049	2.633
	8	3	16	0	13.000	2.660
	8	4	16	40	14.646	2.866
	8	5	14	30	15.556	3.095
	8	6	16	30	16.639	3.357

续表

时间				累计时间/d	累计沉降量/mm
年	月	日	时	分		
	8	7	16	30	17.639	3.390
	8	8	12	30	18.472	3.576
	8	9	15	0	19.577	3.720
	8	10	16	0	20.618	3.836
	8	11	17	0	21.660	4.069
	8	12	15	10	22.584	4.124
	8	13	14	10	23.542	4.227
2004	8	14	14	0	24.535	4.265
	8	15	16	0	25.618	4.379
	8	16	16	10	26.625	4.502
	8	17	16	0	27.618	4.525
	8	18	16	0	28.618	4.621
	8	19	16	15	29.629	4.626
	8	20	16	15	30.629	4.653
	8	21	15	45	31.608	4.562
	8	22	18	0	32.702	4.567

本表的数据来源于昱岭关连拱隧道现场监控量测与分析成果报告。

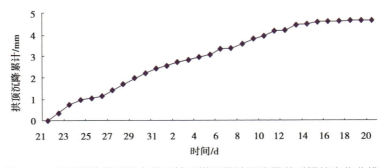

图 3.25　昱岭关连拱隧道左线开挖后拱顶累计沉降量随时间的变化曲线

数值分析计算出的结果,拱顶最大沉降量为 4.3 mm,工程现场监测结果表明,一个月后拱顶累计沉降量达到 4.567 mm 左右。由于软件计算时设定了隧道开挖后围岩收敛值趋向一个相对较小值(0.001),因此,就认为数值计算的结果收敛了,所以两者存在一定的误差。但是在容许的范围之内数值很接近,反映了数值分析结果和实测结果具有很好的一致性。

从以上考虑渗流场效应的应力变化情况可以看出,连拱隧道的水平应力明显增大,从位移变化可以看出,拱顶和仰拱的位移值最大,从渗流场的变化规律可以看出隧道开挖后渗漏水多发部位主要集中在拱部、边墙、中隔墙墙顶与左右洞相接处,中隔墙与仰拱相接处既是渗漏水发生的薄弱区,也是在施工中最容易发生渗漏水的部位,所以,在实际工程设计和施工中,需特别注意这几个部位防水措施的改进。

3.5　降雨及地下水位变化对连拱隧道渗漏水病害影响的研究

3.5.1　降雨引起连拱隧道渗漏水分析

一般情况下,连拱隧道呈现浅埋、偏压等特征,所以,隧址区的岩石大多数情况下破碎,节理裂隙发育,为降雨渗入提供了很好的存储空间。降雨对连拱隧道渗漏水发生的作用不可忽视,由于雨水沿坡面渗入,所以坡体表层的岩土体强度参数剧减,表现出很大的塑性变形。随着降雨时间的延长,降雨下渗和地下水有了水力联系,地下水位升高,即连拱隧道承受的水头增大,在连拱隧道薄弱、衬砌裂缝、施工缝等处产生了渗漏。降雨分为以下两种:

1）季节性的降雨

季节性的降雨体现在多年、周期性地渗入，然后周期性地岩土体风化、雨水和地下水蒸发等，使得连拱隧道边坡体呈现出一个干湿交替的状态，造成连拱隧道破碎岩土体的有效应力降低，抗剪强度急剧下降。在这样一个长期过程中，连拱隧道围岩应力重新分布，影响了隧道结构的稳定性，尤其是在地下水具有化学腐蚀作用时，其发生渗漏水病害的概率就更大。

多年季节性的降雨使隧址区域的地下水位保持在一个基准面，这个基准面可能低于隧道，对隧道渗漏水没有多大影响。此时，发育的节理裂隙则与连拱隧道发生了某种联系，加之围岩的破碎以及裂隙不同填充物等，裂隙水成为隧道发生渗漏水的主要因素。

但是地下水位是一个多年呈动态变化的值，可能在隧道上下呈周期性地浮动，如图 3.26 所示。这样反复不停地浮动，使得破碎的围岩体处于干湿交替的变化中，其连通性更好，尤其是具有腐蚀性的地下水更为突出，这样更易引起连拱隧道渗漏水病害的发生。

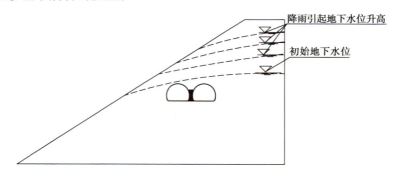

图 3.26　季节性的降雨引起连拱隧道水位变化图

2）极端降雨

极端降雨本身也是一种灾害，由于降雨量大，引起的次生灾害相互影响，比如山体滑坡、泥石流等，使得隧道承受过大的变形，进而因隧道结构受力不均引起隧道渗漏，围岩裂隙变得更加发育，地下水得到充足的补给，为隧道渗漏水病害的发生提供了水源。

通常,连拱隧道的隧址区为裂隙发育地带,裂隙一般在没有雨水补给的情况下是不含有地下水的,但是,如果发生极端降雨或者水源得到补给,危害也是相当严重的。因此,在连拱隧道施工过程中要及时揭露会发生突发涌水、突泥的裂隙。如果没有揭露并且裂隙离隧道较近,那么就给隧道渗漏水病害的发生埋下了隐患,因为随着时间推移、周而复始降雨以及周期性的水压力等作用,裂隙会不断地发育,直至连通隧道衬砌,破坏防水板以及排水系统。由此可见,极端降雨对隧道渗漏水的影响是不可小视的。

3.5.2　连拱隧道渗漏水量计算与分析

连拱隧道上方地下水位由于降雨的补给而升高,达到稳定时,计算水头则是定值且平水,依据杜布依假设,当地下水缓慢流动时,其渗流自由面的坡度很小,即连拱隧道顶部的水头值 H 为一常数,这样问题就得到了简化,如图 3.27所示,则 A 点的流速为:

$$v_A = -k\frac{\mathrm{d}h}{\mathrm{d}s} = -k\frac{\mathrm{d}z}{\mathrm{d}s} = -k\sin\theta \tag{3.6}$$

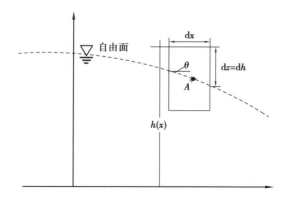

图 3.27　假定自由面水平

可以看出,自由面的倾斜度 θ 的值非常小,所以可以用 $\tan\theta = \dfrac{\mathrm{d}h}{\mathrm{d}s}$ 代替 $\sin\theta$,

这样流速是水平向的,因而连拱隧道处在静水压力之下。

1)衬砌裂缝渗漏水量计算

我国公路、铁路隧道对于衬砌结构外水荷载处理方式和水工隧洞处理方式基本相似,也是借鉴了水工隧洞经验,《公路隧道设计规范 第一册 土建工程》(JTJ 3370.1—2018)中规定:隧道外水压力作用于混凝土、钢筋混凝土和预应力混凝土衬砌结构上,其大小可按下式计算,即折减系数法:

$$P_c = \beta_e \gamma_w H \tag{3.7}$$

式中,P_c 为地下水作用于衬砌结构外表面的压力,单位为 kN/m^3;衬砌结构上地下水压力一般情况下不等于衬砌结构上地下水水柱形成的静水压力,所以 β_e 为折减系数,相关规范已明确了其所取的建议值,可依据工程实际进行选取;γ_w 为水的重度,其值为 9.81 kN/m^3;H 为降雨升高的地下水位线至隧洞中心的作用水头,单位为 m。

连拱隧道衬砌内表面暴露在空气中,可认为受一个标准大气压 P_b 的作用,计算可知,即:

$$P_b = 100 \ kPa \tag{3.8}$$

连拱隧道衬砌内表面所受压力差为 P,则:

$$P = \beta_e \gamma_w H - 100 \tag{3.9}$$

由于连拱隧道自身的特点,其衬砌混凝土裂缝出现的原因有很多,包括施工方面、混凝土自身温度应力以及连拱隧道不均匀沉降等,裂缝的产生给地下水渗流提供了通道,渗漏水病害也随之产生。假设连拱隧道衬砌混凝土在没有开裂之前的渗透系数为 K_w,衬砌混凝土开裂后的渗透系数为 K_v,开裂的裂缝宽度为 b,将裂缝中的水流和水力学中管流公式进行比较可以得出裂缝的渗透系数 K_v 为:

$$K_v = \frac{gb^2}{12\nu} \tag{3.10}$$

式中,ν 为水的运动黏滞系数。连拱隧道衬砌混凝土开裂后的平均渗透系

数为 K, 则:

$$K = K_w + \frac{b}{l} K_v \qquad (3.11)$$

式中, l 为连拱隧道衬砌的厚度。

一般情况下, 连拱隧道的裂缝不是均匀张开的, 可取张开度的平均值:

$$\overline{b^3} = \int_{b_{min}}^{b_{max}} b^3 f(b) \, db \qquad (3.12)$$

式中, $f(b)$ 为连拱隧道裂缝张开度的分布函数, 曾庆孚等曾经对其进行了跟踪扫描测定。

由渗流理论可以知道, 裂缝内的水流流速 V_b 与裂缝中水力梯度 J 成正比, 即:

$$V = -K_v J \qquad (3.13)$$

将式 (3.11) 代入式 (3.13) 可得裂缝中水流的单宽流速:

$$V_1 = Vb = -\left(K_w + \frac{b}{l} K_v \right) J \qquad (3.14)$$

根据水力学及渗流理论, 连拱隧道裂缝中的水流与两平行板间水流相似, 根据达西定律, 其裂缝中单宽流量为:

$$q = bKJ \qquad (3.15)$$

由式 (3.7)、式 (3.8)、式 (3.9) 计算出连拱隧道衬砌内外的压力及压力差, 将式 (3.9) 除以连拱隧道衬砌厚度, 便可得到连拱隧道裂缝处衬砌内外的水压力坡度, 代入式 (3.15), 得到连拱隧道衬砌裂缝渗漏水量的单宽流量为:

$$q = bK(\beta_e \gamma_w H - 100) \qquad (3.16)$$

将式 (3.11) 代入式 (3.16), 得:

$$q = b\left(K_w + \frac{b}{l} K_v \right) \frac{(\beta_e \gamma_w H - 100)}{l} \qquad (3.17)$$

由式 (3.17) 可以看出, 连拱隧道裂缝渗漏水量大小主要与裂缝的张开度、连拱隧道顶部水位、衬砌的渗透性、衬砌的厚度以及隧址区域的水文地质有关。

在衬砌结构厚度一定的情况下,连拱隧道裂缝渗漏水与地下水位成正比关系,如图 3.28 所示。裂缝渗漏水随着地下水位的升高而增加,并且裂缝的宽度越大,其渗漏水量越大。连拱隧道呈浅埋、偏压,地下水位的升高与降雨的关系十分密切,所以,要对隧址区域坡面采取排水措施,以免因降雨引起地下水位升高。

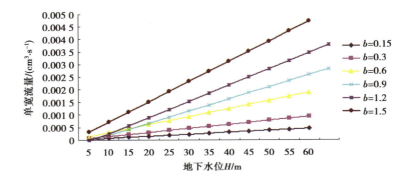

图 3.28　裂缝单宽流量与地下水的关系曲线

假定地下水位处于一个定值,由图 3.29 可以看出,连拱隧道裂缝渗漏水量与裂缝宽度呈幂指数增长,裂缝宽度越大,单宽流量就越大;连拱隧道裂缝渗漏水量随衬砌结构的厚度变大而减小,虽然增加衬砌结构厚度有利于防止渗漏水的发生,但是实际中考虑经济以及受力等原因,也不能一味地增加衬砌结构的厚度。

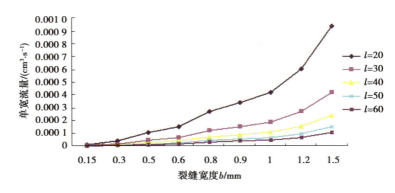

图 3.29　裂缝单宽流量与裂缝宽度的关系曲线

假定衬砌结构厚度一定时,由图 3.30 可以看出,连拱隧道裂缝渗漏水量与衬砌结构厚度呈幂指数增长,衬砌结构厚度越大,其渗漏水量就越小;连拱隧道裂缝渗漏水量随着地下水位的升高而增大。

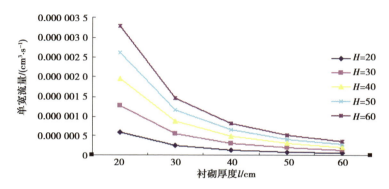

图 3.30　裂缝单宽流量与衬砌厚度的关系曲线

2) 点、面渗漏水量计算

为了研究连拱隧道点、面渗漏水量,根据衬砌结构裂缝渗漏水的几何特点,在一段裂缝中选取单位长度为 1,宽度为 b 的正方形,如图 3.31 所示,根据面积比等效为一个半径为 r 的圆 O。则有:

$$b \times 1 = \pi r^2$$

即:

$$b = \pi r^2 \tag{3.18}$$

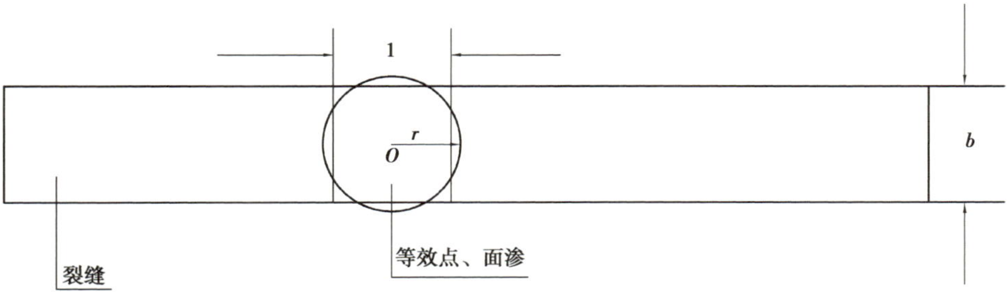

图 3.31　点、面渗漏水等效图

可以看出,当 $r \to 0$ 时,圆 O 就成为一点,即连拱隧道衬砌点渗漏;当 r 为一个正值时,圆 O 就成为一个面,即连拱隧道衬砌面渗漏。在营运连拱隧道中,可以认为连拱隧道衬砌结构防水,其衬砌结构混凝土的渗透系数很小,不发生渗漏水,即:

$$K_{w} = 0 \qquad (3.19)$$

但是,衬砌混凝土局部腐蚀、地下水侵蚀、受力不均等原因造成了连拱隧道衬砌点、面渗漏水的发生,点渗漏是一个半径趋向于 0 的圆,为了计算方便,假定点渗漏的大小为一个单位圆,即 $r=1$,将式(3.18)、式(3.19)代入式(3.17),便得到点渗漏水量的大小,即:

$$q = K_{v} \frac{\pi^{2}(\beta_{e}\gamma_{w}H - 100)}{l^{2}} \qquad (3.20)$$

由式(3.20)可以看出,点渗漏水量的大小主要与地下水位的高度、衬砌结构的厚度、衬砌混凝土局部渗漏点的渗透系数有关。由于点渗漏处的渗透系数很难确定,限于篇幅要求,本书采取荣耀、蔡晓鸿等计算的渗透系数,即 $K_{v} = 1.9 \times 10^{-6}$ cm/s。如此就可以得到点渗漏水量与地下水位的关系曲线图,如图 3.32 所示。

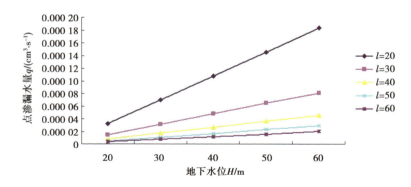

图 3.32　点渗漏水量与地下水位的关系曲线

由图 3.32 得出,点渗漏水量与地下水位成正比,随着地下水位的增长,点渗漏水量相应增加,并且随着衬砌厚度的增加,点渗漏水量逐渐减小。

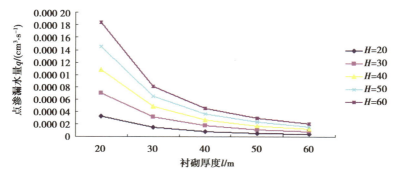

图 3.33　点渗漏水量与衬砌厚度的关系曲线

由图 3.33 得出,点渗漏水量随着衬砌厚度的增加而减小,如果衬砌厚度足够大,则点渗漏水量基本上趋于零。但是,实际中考虑到各方面的因素厚度不可能足够大,而且,随着地下水位的增高,点渗漏水量还是有增大的趋势。

当 r 为一个正值时,就形成了连拱隧道面渗漏水,将式(3.18)、式(3.19)代入式(3.17)便可得面渗漏水量,即:

$$q = K_v \frac{\pi^2 r^4 (\beta_e \gamma_w H - 100)}{l^2} \tag{3.21}$$

由式(3.21)可以看出,面渗漏水量不仅与地下水位和衬砌结构的厚度以及面渗的渗透系数有关,还与面渗的面积即半径大小有关。为了讨论面渗漏水量与面渗半径的关系,假定衬砌厚度为 30 cm, $K_v = 1.9 \times 10^{-6}$ cm/s,可得到面渗漏水量与面渗半径的关系曲线图,如图 3.34 所示。

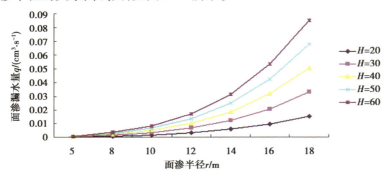

图 3.34　面渗漏水量与面渗半径的关系曲线

由图 3.34 可以看出,面渗漏水量随着面渗半径的增大而迅速增大,面渗半径越大,面渗漏水量的变化越大,当地下水位增高时,面渗漏水量更大。

假定地下水位为 30 cm,$K_v = 1.9 \times 10^{-6}$ cm/s,可得到面渗漏水量与面渗半径的关系曲线图,如图 3.35 所示。

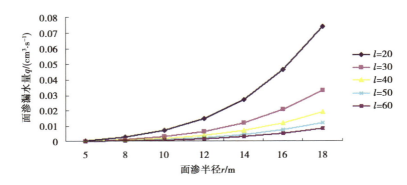

图 3.35　面渗漏水量与面渗半径的关系曲线

由图 3.35 可以看出,面渗漏水量随着面渗半径的增大而迅速增大,面渗半径越大,面渗漏水量的变化越大,当地下水位增高时,面渗漏水量更大。但是,随着衬砌厚度的增加,面渗漏水量逐渐变小。

3)施工缝渗漏水量计算

施工缝可以看作衬砌裂缝的特殊形式,但不同的是,施工缝几何形式比较规则,容易计算其面积,并且地下水在渗漏过程中沿程损失比较大,水力迫降变化不明确,渗透系数的影响因素较多。施工缝渗漏水量计算公式和裂缝渗漏水计算公式一样,不同的是渗透系数的取值。设渗透系数为 K_f,再根据衬砌裂缝的计算公式,可得施工缝渗漏水量的计算公式,即:

$$q = K_f \frac{(\beta_e \gamma_w H - 100)}{l} \quad (3.22)$$

由式(3.22)可以看出,施工缝渗漏水量主要受地下水位、衬砌厚度以及施工缝的几何形状等因素影响,其渗透系数可以通过实验获得。

3.6 物理、化学作用对连拱隧道渗漏水病害影响的研究

　　水-岩相互作用研究是力学和地球科学领域中的前沿课题之一。在力学领域中被称为固流耦合作用,在地球科学领域中被称为水-岩相互作用。前者主要研究的焦点在于固体和流体间力学耦合的基本规律;后者主要研究在高温、高压条件下,岩石和水发生的物理化学反应规律及物理化学特征。岩土工程作为土木工程与地质学的交叉学科,以往水-岩相互作用研究的侧重点主要集中于岩体水力学方面,即从渗流场和应力场的相互作用角度研究其基本规律,目前,已开始注意到水和岩石的化学作用问题。尤其是在我国隧道建设中,地下水的酸性及碳酸性,给已建营运及正建隧道的渗漏水防止带来了极大的病害,如图 3.36 所示。当前,水-岩作用引起隧道渗漏水的随机物理化学模拟研究还很少。本书就此做一些探讨。

图 3.36　渗漏水化学析出物

从物理化学角度来讲,岩土工程中构成化学反应的主要要素有:地下水以

及含有的化学成分、岩石构成体、有机物以及工程中所用材料如混凝土等。这些要素在一定区域、一定条件下相互作用并进行能量交换输出与输入,同时,外界的环境要么促进、要么阻止其相互作用。根据能量的变化,模拟隧道围岩内部能量的变化,然后,判断其围岩的侵蚀程度,进而判断隧道围岩的连通性。

物理化学模拟在隧道工程中的应用,根据围岩内部化学反应情况,可以对防排水设计提供理论依据,对连拱隧道的施工和治理具有指导性作用。首先建立物理化学数学规划模型,即将连拱隧道围岩内部化学反应作为一个目标函数;然后利用平衡原理、质量守恒定律、电荷守恒定律等作为约束;最后求其解。根据解的情况分析连拱隧道围岩内部的水-岩相互作用,从而得出连拱隧道周围地下水对围岩的侵蚀程度。围岩的侵蚀程度越大,地下水在岩石中的通道就越好,就越容易形成高水压和渗漏水病害。我国学者郑西来等首先将物理化学模型应用到隧道围岩中的含水层,该模型就是一种优化的线性模型;王锦国等也对物理化学作用对连拱隧道渗漏水病害做了深入的研究,分析了水-岩作用下的含水层内部的机理;我国还有诸多其他学者对这一作用做了研究,并取得了一定的成果。这些成果有两个共同的特点:其一,基本上都是线性的规划模型,对非线性的尝试研究不多,虽然做了一些尝试研究,但还远远不够;其二,对样本数据的应用不够,大多数的研究只应用单次样本对水-岩作用进行分析,而多样本的应用还有些欠缺,所有的样本在平均化后再应用,忽视了连拱隧道围岩内、外部整个系统的相互影响以及存在的随机变化等,使得模拟与实际的情况相差甚远。基于此,本书利用 Monte Carlo(蒙特卡罗)法这种随机数处理优势,使得数据更加真实地模拟实际情况,以揭示连拱隧道围岩中水-岩相互作用的机理。

3.6.1 水-岩相互作用数学模型

水-岩相互作用可以看作一个有机联系体,是一个相互影响的大系统,其研究已经取得了相应的成果。根据大系统协调原理以及其内部的化学反应,可以构筑如下数学模型:

$$\begin{cases} P = \min X = \sum_{i=1}^{n} \Delta G_{fi} X_i \\ \sum_{i=1}^{n} a_{ij} X_i = b_j \qquad (j = 1, 2 \cdots, m) \\ X_i > 0 \end{cases} \qquad (3.23)$$

式中，X_i 为第 i 个物理化学反应发生的量，单位为 mmol/L。当 $X_i > 0$ 时，表示系统内部进行正反应；当 $X_i < 0$ 时，表示系统内部进行逆反应；当 $X_i = 0$ 时，表示系统内部处于平衡状态。ΔG_{fi} 为第 i 个化学反应的自由能变化，单位为 J/mmol，显然，ΔG_{fi} 越小，正反应趋势越大。$a_{ij} = \alpha_{ik} - \beta_{ik}$，其中，$\alpha_{ik}$ 为第 i 个物理化学反应及其反应相应矿物中第 k 种组分的化学计量数，β_{ik} 为与相应生成相矿物中第 k 种组分的化学计量数。b_j 为第 j 种组分的溶出液及初始液之间的浓度差，$j = 1, 2, \cdots, m$（m 为约束条件的方程个数）。上述数学模型对描述水-岩相互作用的复杂系统仍然具有普遍的意义。

3.6.2　水-岩相互作用模型的随机模拟求解

1) 随机数的产生

（1）均匀分布：$u(a, b)$

设随机变量 x 服从 $[a, b]$ 上的均匀分布，其概率密度函数为：

$$f(x) = \begin{cases} \dfrac{1}{a - b} & x \geq 0 \\ 0 & \text{其他} \end{cases} \qquad (3.24)$$

在构造随机数时，可以根据其均匀分布的特性，用计算机技术以及编程等生成这样的一串数字，即随机数具有均匀性，且满足统计上的独立性。因此，我们称它为伪随机数，本书也按其做法构筑随机数，以符合模型的求解。

（2）正态分布：$N(u, \sigma^2)$

设随机变量 x 服从正态分布，其概率密度函数为：

$$f(x) = \frac{1}{\sigma\sqrt{2\pi}}\exp\left[-\frac{(x-u)^2}{2\sigma^2}\right] \quad (-\infty < x < \infty) \tag{3.25}$$

式中,u 为均值;σ^2 为方差。产生随机数的过程如下:由 $u(0,1)$ 生成 μ_1;由 $u(0,1)$ 生成 μ_2;$z=\left[-2\ln(\mu_1)\right]^{\frac{1}{2}}\sin(2\pi\mu_1)$;$x=\mu+\sigma_z$ 返回 x。

2) 单纯形法的 Monte Carlo 随机模拟

线性规划方法是用途最广泛的一种系统分析方法。早在 19 世纪初,法国数学家傅里叶(Fourier)就提出了线性规划的应用,1974 年,美国数学家丹捷格(Dantzig)提出了用单纯形法求解线性规划问题,找到了求解线性规划问题的通用方法,在该领域做出了重要的贡献。近几年来,随着电子计算机的迅速发展和普及,线性规划方法在工农业生产、资源配置、运输、军事和经济管理等行业中得到了广泛的应用,并获得了显著的成效,是截至目前发展最完善的规划方法之一。

对于线性规划问题,单纯形法是目前发展最完善的一种求解途径,如式(3.26)为线性规划的标准形式,式(3.27)为约束条件,其解的形式如图 3.37 所示,可以看出,按照线性规划的这种标准形式,不但要求决策变量 x_j 和常数 b_j 是非负的,而且要求所有约束条件为等式方程,至于目标函数则可以是极大化问题,也可以是极小化问题。这种线性规划问题求其解已经很完善了,本书采用的是就是线性规划对水-岩相互作用下隧道围岩的随机物理化学进行模拟研究。

目标函数

$$\max(\min)Z = c_1 x_1 + c_2 x_2 + \cdots + c_n x_n \tag{3.26}$$

约束条件

$$\left.\begin{array}{l} a_{11}x_1 + a_{12}x_2 + \cdots + a_{1n}x_n = b_1 \\ a_{21}x_1 + a_{22}x_2 + \cdots + a_{2n}x_n = b_2 \\ \vdots \\ a_{m1}x_1 + a_{m2}x_2 + \cdots + a_{mn}x_n = b_m \\ x_1, x_2, \cdots x_n \geqslant 0 \end{array}\right\} \tag{3.27}$$

Monte Carlo 方法,或称计算机随机模拟方法,是一种基于随机数的计算方法。Monte Carlo 方法的基本思想很早以前就被人们发现和利用。早在 17 世纪,人们就知道用事件发生的频率来决定事件的概率。19 世纪,人们用投针试验的方法来决定圆周率 π。20 世纪 40 年代,电子计算机的出现,特别是近年来高速电子计算机的出现,使得用数学方法在计算机上大量、快速地模拟这样的试验成为可能。考虑平面上的一个边长为 1 的正方形及其内部的一个形状不规则的图形,如何求出这个图形的面积呢? Monte Carlo 方法是这样一种随机化的方法:向该正方形随机地投掷 N 个点,其中有 M 个点落于图形内,则该图形的面积近似为 M/N。Monte Carlo 方法能很好地用于对付维数的灾难,因为该方法的计算复杂性不再依赖于维数。以前无法计算的问题现在也能够计算。为提高方法的效率,科学家们提出了所谓的方差缩减技巧。Monte Carlo 方法与一般的计算方法有很大的区别,一般的计算方法对解决多维或因素复杂的问题非常困难,而 Monte Carlo 方法解决这类问题却比较简单,因此,Monte Carlo 方法自从它诞生之日起就得到了快速的发展,现已发展成数学计算中一个不可缺少的重要组成部分。

为了能够充分发挥 Monte Carlo 方法随机数的优势,系统中的每一个 b_j 是随机变量,根据线性规划模型,其内部 b_j 的实现总是成立的,以此从 Monte Carlo 方法随机数中随机抽取一个与 b_j 相对应的 $[b'_1, b'_2, \cdots, b'_m]$,这样就可以利用单纯形法求解得到式(3.10)中对应的一组解 $X'_i = [x'_1, x'_2, \cdots, x'_n]_i$。以此类推,反复循环,就能够产生 N 组解,一直到 N 趋向于无穷大,当能够使系统内所有的物理量出现为止,此时就可以终止,产生的结果能解释和说明系统内各物理量的特征以及分布规律。式(3.28)为均值,式(3.29)为标准差:

$$\mu_w = \frac{1}{N} \sum_{i=1}^{N} X_i \tag{3.28}$$

$$\sigma_w = \left[\frac{1}{N-1} \sum_{i=1}^{N} (X_i - \mu_w)^2 \right]^{\frac{1}{2}} \tag{3.29}$$

本书根据以上所述的理论与方法,基于 Monte Carlo 方法随机数以及单纯形法求解,编写了 RNDCX. FOR 程序,以便应用于连拱隧道工程中,详见下节实例分析。单纯形法流程框架图如图 3.37 所示。

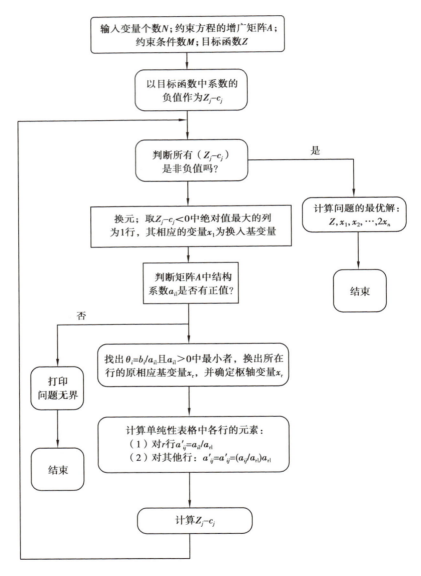

图 3.37　单纯形法流程框架图

3.6.3 实例分析及应用

1)隧址区域内水文地质及地形地貌特征

某连拱隧道出口位于低中山斜坡顺坡冲沟东侧,上覆残坡积砾石、碎石土层及强、弱风化泥灰岩夹灰岩。碎石土层最厚达 2.80 m,强风化泥灰岩厚 1.10~9.20 m,弱风化泥灰岩夹灰岩揭露厚度为 22.94~37.38 m,山坡自然坡度为 30°~40°,山坡临空面方位为 162°,与路线走向约成 75°斜交。基岩岩层产状 5°∠30°;洞口碎石土覆盖层较薄,约 0.60~2.80 m。下伏基岩风化裂隙较发育,岩体较破碎,呈碎裂、裂隙块状结构,完整性较差。围岩纵坡速度 V_p = 380 ~1 800 m/s,围岩分级为 V 级,成洞条件较差,围岩易坍塌。碎石土处地下水位以上,透水性较强,离洞口 500 m 左右有岩溶水且水量较大,施工此处时,由于水量较大,进行注浆做防渗帷幕,使得施工顺利进行,但是,此隧道营运一年后,隧道发生了严重的渗漏水,尤其是离洞口 500 m 处最为严重。调查资料显示:离洞口 1 000 m 处的围岩 pH 值较低,并且含有较高溶解状态的 CO_2,此处的基岩主要类型如下:基岩为石英砂岩,其中含有 10%页岩,其矿物的主要成分为云母、石英、少量的叶蜡石、高岭石、蒙脱石等,部分为碳泥质页岩,其中,有机质含量为 4%~8%,此处的岩石极易破碎,由于地下水的长期浸泡与腐蚀,部分已呈现软化状态。调查中还发现,由于隧道施工时做的防渗帷幕在地下水长期作用下,其中已经有水泥水化物存在,这说明地下水和岩石中的化学成分已经和混凝土发生了相互作用。

依据物理化学、水文学、地球科学的基本原理进行分析,可以得出,隧道围岩系统在一定的条件下,其水-岩相互作用使得围岩各物质发生了相互的化学反应,如表 3.8 所示。据表可以看出,整个系统内的物理化学反应是相互促进的,一个反应会促进另一个反应,这样形成了整个系统的反应链,随着时间的推移,物理化学反应在不断持续,形成了地下水通道不断连通、畅通,使得隧道的渗漏水病害加剧。根据围岩所含成分、地下水组分以及各种有机物和注浆帷幕混凝土组分之间的相互反应,从反应物、生成物在变化过程中自由能不断地变化,就可以确定某个反应物的标准自由能变化(ΔG_f)。从隧道围岩地下水以及施工过程中排水孔的监测资料可以看出,进行注浆帷幕后,地下水是一个主要补给源,据此,可以将地下水作为隧址区域内初始液,将防渗的注浆帷幕体施工后,监测各个排水孔,排出液作为溶出液,初始液和溶出液的化学成分以及两者之间的差异如表3.8所示。两者都是变量,也遵循正态分布,根据其特点,两者的差异计算方法可以利用差异统计参数,其表达式为:差异均值=溶出液均值-初始液均值;差异方差为溶出液方差、初始液方差的平方和的平方根,并认为也服从正态分布。为此,在排水孔中选择了4个排水孔作为案例来分析,分别为孔1、孔2、孔3、孔4,如表3.9所示。

表 3.8 水-岩系列物理化学反应和自由能变化(ΔG_f)

序号	反应量	反应物	物理化学反应	$\Delta G_f/(\text{J}\cdot\text{mmol}^{-1})$
1	X_1	钠长石	$NaAlSi_3O_8 + CO_2 + 5.5H_2O \longrightarrow$ $0.5\,NaAlSi_3(OH)_4 + Na^+ + 2H_4SiO_4 + HCO_3^-$	79.97
2	X_2	方解石	$CaCO_3 + CO_2 + H_2O \longrightarrow Ca^{2+} + HCO_3^-$	27.66
3	X_3	$Ca(OH)_2$	$Ca(OH)_2(s) + CO_2 \longrightarrow Ca^{2+} + 2HCO_3^-$	-56.77
4	X_4	有机质	$CH_2O + O_2 \longrightarrow CO_2 + H_2O$	-405.78
5	X_5	CO_2	$CO_2 + H_2O \longrightarrow H^+ + HCO_3^-$	38.9
6	X_6	HCO_3^-	$H^+ + HCO_3^- \longrightarrow CO_2 + H_2O$	-38.9
7	X_7	云母	$KMg_3AlSi_3O_{10}(OH)_2 + 7H^+ + 0.5H_2O \longrightarrow$ $0.5Al_2Si_2O_5(OH)_4 + K^+ + 3Mg^{2+} + 2H_4SiO_4$	348.94
8	X_8	$Mg(OH)_2$	$Mg(OH)_2(s) + CO_2 \rightarrow Mg^{2+} + 2HCO_3^-$	-53.24
9	X_9	Ca^{2+}	$Ca^{2+} + Na(s) \rightarrow Na^+ + Ca(s)$	30.74
10	X_{10}	Mg^{2+}	$Mg^{2+} + 2Na(s) \rightarrow Na^+ + Mg(s)$	-70.01

表 3.9　初始液和溶出液间常规离子的差异特征

孔号	统计类别	阳离子含量/(mmol · L⁻¹)			阴离子含量/(mmol · L⁻¹)			侵蚀 CO₂ /(mmol · L⁻¹)
		$Na^+ + K^+$	Ca^{2+}	Mg^{2+}	SO_4^{2-}	HCO_3^-	Cl^-	
孔 1	平均值	0.061	0.029	0.081 8	−0.000 5	0.281	0.013 5	0.306
	均方差	0.125 9	0.093 5	0.049 5	0.049 1	0.231 7	0.025 5	0.145
孔 2	平均值	0.071	−0.131	0.004 5	−0.011 7	−0.127	0.007 5	0.680
	均方差	0.142 5	0.068 5	0.036 6	0.052 1	0.156 4	0.023 7	0.199
孔 3	平均值	0.066	−0.006	−0.001 7	−0.019 2	0.09	0.008 5	0.304
	均方差	0.137 1	0.056 7	0.035 4	0.045	0.147 2	0.023 2	0.115
孔 4	平均值	0.140	−0.046	0.075 8	0.001	0.222	0.007 5	0.623
	均方差	0.216 3	0.061	0.042 6	0.054 1	0.129 8	0.023 8	0.161

2）数学模型的建立

根据表 3.8 中各物理化学反应及其自由能变化，以及表 3.9 中各组分初始液与溶出液差值的随机抽样值，可建立如下模型：

$$J = \min(X) = 79.97X_1 + 23.66X_2 - 56.77X_3 - 405.78X_4 + 38.9X_5 -$$

$$38.9X_6 + 348.94X_7 - 53.24X_8 + 30.74X_9 - 70.01X_{10} \qquad (3.30)$$

约束条件方程组
$$\begin{cases} X_2 + X_3 - X_9 = \Delta Ca^{2+} \\ 3X_7 - X_8 - X_{10} = \Delta Mg^{2+} \\ X_1 + X_7 - 2X_9 + 2X_{10} = \Delta Na^+ \\ X_1 + 2X_2 + 2X_3 + X_5 + X_6 = \Delta Na^+ \\ -X_1 - 2X_2 - 2X_3 + X_4 - X_5 + X_6 - X_8 = \Delta CO_2 \end{cases} \qquad (3.31)$$

式中，X_1—X_{10} 为每升地下水中参加反应的反应物的毫摩尔数；Δm 为相应溶出液与初始液含量之差，单位为 mmol/L。

求解式(3.30)、式(3.31)得到各种组分的反应量,单纯形法在线性规划求解中是最完善的一种方法,本书采用的也是单纯形法。但是,在随机数的处理中,总有些随机数不符合平衡原理、质量守恒定律、电荷守恒定律以及能量最低原理,导致数学模型无解,因此,在计算分析中应剔除这些随机数,再利用 Monte Carlo 原理进行分析,求得各水-岩相互作用反应量的特征值。

3) 数学模型的求解

研究表明,模拟次数在 Monte Carlo 随机数的模拟中至关重要,不仅关系到模拟的结果合理性,更关系到模拟的精度。所以在本书中,经过多次、反复的计算与试算,以及和模拟系统的比较,同时,考虑了计算时间等因素,选择 1 000 次的抽样次数是比较合理的,也满足精度要求,最后,得出了水-岩相互作用系统状态随机模拟结果,如表 3.10 所示。

表 3.10　水-岩相互作用系统状态随机模拟结果

孔号部位	统计参数	反应量/(mmol·L⁻¹)									目标函数/J
		X_1,X_2	X_3	X_4	X_5	X_6	X_7	X_8	X_9	X_{10}	
孔1	均值(X_M)/(mmol·L⁻¹)	0.000	0.142	0.590	0.149	0.083	0.031	0.036	0.062	0.002	−234.238
	均方差(STD)	0.000	0.082	0.281	0.201	0.152	0.021	0.027	0.043	0.004	103.27
	变异系数(C_v)	0.000	0.577	0.476	1.349	1.831	0.677	0.75	0.694	2	0.442
孔2	均值(X_M)/(mmol·L⁻¹)	0.000	0.059	0.608	0.010	0.301	0.006	0.055	0.110	0.006	−259.258
	均方差(STD)	0.000	0.054	0.259	0.041	0.209	0.008	0.025	0.051	0.020	99.233
	变异系数(C_v)	0.000	0.915	0.426	4.1	0.694	1.33	0.455	0.464	3.33	0.383
孔3	均值(X_M)/(mmol·L⁻¹)	0.000	0.089	0.393	0.039	0.122	0.004	0.036	0.071	0.017	−167.281
	均方差(STD)	0.000	0.062	0.182	0.068	0.150	0.010	0.023	0.046	0.021	73.830
	变异系数(C_v)	0.000	0.70	0.463	1.74	1.230	2.5	0.64	0.648	1.235	0.441

续表

孔号部位	统计参数	反应量/(mmol · L⁻¹)									目标函数/J
		X_1,X_2	X_3	X_4	X_5	X_6	X_7	X_8	X_9	X_{10}	
孔 4	均值(X_M)/(mmol · L⁻¹)	0.000	0.099	0.853	0.091	0.086	0.031	0.067	0.134	0.001	-340.257
	均方差(STD)	0.000	0.080	0.199	0.091	0.143	0.021	0.037	0.074	0.005	93.643
	变异系数(C_v)	0.000	0.808	0.23	1	1.662	0.677	0.552	0.552	5	0.275

4)结果分析

通过分析可以看出:表 3.8 中反应量 X_1,X_2 为零,说明钠长石和方解石的反应 $NaAlSi_3O_8+CO_2+5.5H_2O \longrightarrow 0.5\ NaAlSi_3(OH)_4+Na^++2H_4SiO_4+HCO_3^-$、$CaCO_3+CO_2+H_2O \longrightarrow Ca^{2+}+HCO_3^-$ 好像并没有发生化学反应,或者计算中没有选中,但是,实际上不是这样的,因为在水-岩相互作用的数学模型中不能够反映这样一类化学反应过程,它所能反映的是整个水-岩系统初始状态和最终状态这一过程中的化学反应方向,即自发的反应还是处于平衡状态;物理化学反应的程度以及物理化学反应的结果。所以,可以看出虽然钠长石和方解石反应量为零,但并不能说明没有参加反应,而是这两种矿物的溶解量和沉淀量基本相等,即处于相互抵消的平衡状态。如表 3.8 中的序号 2 所示,说明隧道围岩正处于相对平衡的溶蚀与沉淀中,这与现场调查到排水孔孔口以及渗漏水之后在二衬上出现白色析出物的现象相吻合。此外,表 3.8 中序号 1 在计算中没有选中,其原因是序号 9 中的物理化学反应 Ca^{2+} 和 Na^+ 发生了相互交换,从而阻碍了钠长石在地下水中的溶解。

从表 3.8 中序号为 3、4、5、6、7、8、9、10 的反应可以看出:参加反应的主要矿物质以及有关方程式,$Ca(OH)_2$、有机质、CO_2、HCO_3^- 为主要的反应矿物,而序号 4 中的有机物则在反应中最为突出,这说明距离隧道洞口 1 000 m 处,岩石成分有紧密的联系,其成分主要是夹层中的有机物,并且其反应氧化强烈,在所有的模拟孔号处均较大。此反应说明了排水孔处的地下水呈酸性(pH<7.0),尤其是注浆帷幕处的地下水和排水孔中的水酸性更为突出,如孔 3 及孔 4 的地下水具有酸性、碳酸性侵蚀作用,同时,排水孔中的水含有较多的溶解状 CO_2。这也与实际中观测值相吻合。

表 3.9 中序号为 3 的反应涉及与 $Ca(OH)_2$ 的相互作用,这主要是酸碱平衡以及有机物氧化作用的结果,混凝土和帷幕注浆体中的成分 $Ca(OH)_2$ 呈碱性,而由以上分析得知,地下水呈酸性,这样就破坏了整个系统的平衡状态。此外,溶失和析出也是值得我们关注的,因为帷幕注浆体防水效果的失效或者衰减都是自身体中的水泥结石溶失导致的,二衬混凝土结构的耐久性会受到自身体中的水泥水化产物析出的影响。这些都会导致连拱隧道防排水的失效,在渗漏水治理中要通过化学注浆等抑制此类的反应。

由数学模型式(3.30)、式(3.31)可以看出,整个系统中总自由能变化很大,J 值的大小反映了系统自发反应动力的趋势,J 值越小,系统自发效应的动力越大,所以,离洞口 1 000 m 左右水-岩相互作用存在一定的动力,此处的方差值也较大,可以使系统内的反应自发地进行。

3.7 冻胀对连拱隧道渗漏水病害影响的研究

3.7.1 冻胀引起连拱隧道渗漏水现象

连拱隧道渗漏水不一定能够引起冻胀的发生,但是冻胀一定能够引起渗漏水病害的发生,这种冻胀在寒区、冻土区尤为严重,反复季节性冻融,使得渗漏水病害很严重,在我国 20 世纪 80 年代就有因冻胀引起的渗漏水病害而报废的隧道。

反复季节性的冻胀、冻融使得二衬混凝土承受不了冻胀力而形成开裂或者过大的变形,承载力明显下降,形成裂缝,防水板也承受不了过大的变形而被破坏,到了春夏季冰冻开始溶解,此时溶解了的水会不断地找寻出路,使得围岩连通性变得很好,以此连拱隧道的衬砌、裂缝等形成了水的出漏,进而形成了渗漏水病害。同时,地下水一旦具有侵蚀性,就会使衬砌混凝土变得疏松,甚至脱落,到了秋冬季,渗漏水不断积累,形成冰柱,该现象称为冰葫芦,倒挂在二衬上,尤其是衬砌裂缝、施工缝处更为严重,有时候,冰柱积累几十厘米厚,有"挂冰"之称。这种现象在连拱隧道进出口甚为严重,离洞中间越近,冻胀渗漏情况越好。

可以看出,连拱隧道的冻胀除与气候、地下水、冻土等外因有关之外,还与衬砌背后的空洞缺陷有关。渗漏水的发生基本上都是因冻胀作用于衬砌而发生的,所以在岩石连拱隧道中,衬砌背后空洞缺陷则是引发冻胀渗漏水的又一原因。虽然衬砌背后空洞在大范围内存在是很少有的,但是,一旦地下水进入空洞,冻胀力作用使得衬砌局部增加了荷载,将进一步作用于防水板。进一步可知,隧道超、欠挖,衬砌与围岩密切性等都会因冻胀而引起隧道渗漏水病害的发生。

从统计资料以及文献综述可以看出,关于寒区、冻土区等的冻胀研究相对较多,对于岩石隧道衬砌背后缺陷冻胀引起的渗漏水病害研究较少,尤其是连拱隧道,所以本书针对衬砌背后空洞缺陷的冻胀进行一些有益的尝试。

3.7.2　冻胀引起连拱隧道渗漏水机理分析

由以上分析可以看出,冻胀力主要作用于连拱隧道支护结构、初衬和二衬混凝土,使得结构变形,直到裂缝等产生,而初衬和二衬之间是连拱隧道防排水系统,一旦冻胀力使得防排水体系失效,地下水便从隧道结构薄弱区、"三缝"以及由冻胀力产生的裂缝中流出,渗漏水病害随之产生。

为了研究连拱隧道衬砌背后的缺陷,比如空洞,超、欠挖而未处理,衬砌与围岩密切性差等,将分析连拱隧道冻胀力的力学模型进行了简化,如图 3.38 所示。为了便于分析,首先,将连拱隧道断面进行等效处理,即等效为一个半径为 a 的圆;然后,将连拱隧道围岩、支护结构等分为 3 个区域,Ⅰ 为连拱隧道衬砌结构,Ⅱ 为连拱隧道随季节性反复变化的冻融圈,一般来讲,随着地域、气温等因素的影响,每个地区的冻融层的厚度 H_f 不一样,Ⅲ 为连拱隧道始终处于未冻状态的围岩。连拱隧道缺陷一般存在于 Ⅱ 域内。

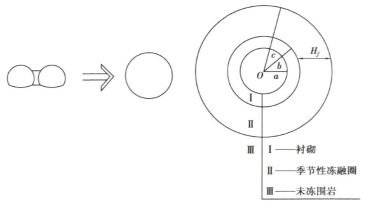

图 3.38　连拱隧道围岩冻胀力分析力学模型

对于 Ⅰ 域的连拱隧道衬砌结构,主要由钢筋混凝土组成,由图 3.38 可以看出,衬砌结构是轴对称的平面应变问题,也是弹性体,根据弹性力学理论,可以得出其应力和径向位移,表达式为:

$$\sigma_r^{\mathrm{I}} = -\frac{b^2(r^2 - a^2)}{r^2(b^2 - a^2)}P_{\mathrm{b}} \qquad (3.32)$$

$$\sigma_\theta^{\mathrm{I}} = -\frac{b^2(r^2 + a^2)}{r^2(b^2 - a^2)}P_{\mathrm{b}} \qquad (3.33)$$

$$u_r^{\mathrm{I}} = -\frac{b^2 P_{\mathrm{b}}}{E_1(b^2 - a^2)}(1 + \mu_1)\left[(2\mu_1 - 1)r - \frac{a^2}{r}\right] \qquad (3.34)$$

式中,E_1 为连拱隧道衬砌结构弹性模量;μ_1 为连拱隧道衬砌结构泊松比;P_{b} 为冻融圈作用于衬砌上的均布力。

对于 Ⅱ 域,可认为该区域也是一个轴对称体,由于季节性的变化以及不同状态之间的变化,可认为是黏弹性体,主要是受到衬砌结构的作用力 P_b 和未冻层围岩的作用力 P_c,其膨胀量为:

$$\Delta h = \frac{n\alpha\left[(H_f + b)^2 - b^2\right]}{2(H_f + b)} \tag{3.35}$$

式中,n 为 II 域内围岩的完整度;α 为 II 域内水变成冰的体积膨胀系数。

其应力和位移的弹性解为:

$$\sigma_r^{II} = \frac{1 - \dfrac{c^2}{r^2}}{c^2 - b^2}b^2 P_b + \frac{\dfrac{b^2}{r^2} - 1}{c^2 - b^2}c^2 P_c \tag{3.36}$$

$$\sigma_\theta^{II} = \frac{1 + \dfrac{c^2}{r^2}}{c^2 - b^2}b^2 P_b + \frac{\dfrac{b^2}{r^2} + 1}{c^2 - b^2}c^2 P_c \tag{3.37}$$

$$u_r^{II} = \frac{(1 + \mu_2)r}{E_2}\left[\frac{b^2\left(1 + \dfrac{(b + H_f)^2}{r^2} - 2\mu_2\right)P_b}{(b + H_f)^2 - b^2} - \frac{\left(1 + \dfrac{b^2}{r^2} - 2\mu_2\right)P_b(b + H_f)^2}{(b + H_f)^2 - b^2}\right]$$
$$+ r\varepsilon_0(1 + \mu_2) \tag{3.38}$$

式中,E_2 为冻融圈的岩石的弹性模量;μ_2 分别为冻融圈的泊松比。

对于 III 域,可以认为该区域外圈为无限大的平面体,即 $d \to \infty$,该层受到冻融圈的作用力 P_c,其应力和位移的弹性解为:

$$\sigma_r^{III} = -\frac{c^2}{r^2}P_c + \left(\frac{c^2}{r^2} - 1\right)P_0 \tag{3.39}$$

$$\theta_\theta^{III} = -\frac{c^2}{r^2}P_c + \left(\frac{c^2}{r^2} + 1\right)P_0 \tag{3.40}$$

$$u_r^{III} = \frac{r(1 + \mu_3)}{E_3}\left[\frac{c^2}{r^2}P_c - \left(1 + \frac{c^2}{r^2} - 2\mu_3\right)P_0\right] \tag{3.41}$$

式中,E_3 为未冻围岩的弹性模量;μ_3 为未冻围岩的泊松比。

连拱隧道围岩的岩石本身冻胀相对于水体的冻胀来说,可以忽略不计,连拱隧道的衬砌背后的缺陷一般存在于拱顶,这与现场施工的难易程度有关。①假设衬砌背后的缺陷为正三棱柱,且充满地下水,当水体受气温影响由液相变为固相(冰)时,由于体积的膨胀而需要有释放的空间,受到围岩以及衬砌的约束,产生了冻胀力;当固相(冰)变为液相时,体积减小,地下水继续补给,充满整个缺陷,然后,又由液相转变为固相(冰),随着时间、季节的推移,这种作用是反复、周期性的。②假设产生的冻胀力垂直约束面,且对作用于各约束面的机会均等。其简化的模型如图 3.39 所示。

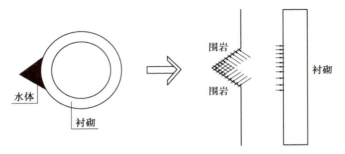

图 3.39   连拱隧道衬砌背后缺陷冻胀简化模型

由以上分析可以看出,冻胀力作用于围岩和衬砌之间,最终的结果要么防排水被破坏,要么衬砌结构被破坏,要么两者都被破坏,无论是哪一个被破坏,都会引起连拱隧道渗漏水病害的产生。为此,根据这三者之间的关系,可建立如图 3.40 所示的冻胀约束分析模型。

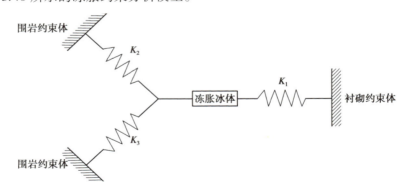

图 3.40   连拱隧道冻胀约束分析模型

由图 3.40 的分析模型可以看出,围岩、冰体、衬砌结构之间相互约束,符合变形协调条件,K_1 为连拱隧道衬砌刚度,K_2、K_3 为连拱隧道背后缺陷充满水体结冰时围岩两个约束面的抗压刚度。可以看出,冻胀冰体的 3 个约束只要任何一个的刚度为 0,则冻胀压力也均为 0。

设冻胀压力为 P,通过分析可以得出,冻胀压力 P 满足式(3.42),即:

$$P = K_1 \Delta_1 = K_2 \Delta_2 = K_3 \Delta_3 \tag{3.42}$$

式中,Δ_1 为连拱隧道衬砌约束体在冻胀力作用下的压缩变形;Δ_2、Δ_3 分别为连拱隧道围岩两个约束面在冻胀力作用下的压缩变形。

连拱隧道背后缺陷充水后,温度降低直至结冰,即由液相变为固相,此过程也是一个缓慢的渐进过程,冻胀压力也随之缓慢变大,水体的体积增量应等于连拱隧道围岩约束体和连拱隧道衬砌约束的弹性变形与面积的乘积之和,则有下式成立,即:

$$\alpha V = S_1 \Delta_1 = S_2 \Delta_2 = S_3 \Delta_3 \tag{3.43}$$

式中,α 为水体由液相变为固相时的体积膨胀率,一般取值为 $\alpha = 0.09$;V 为冻胀体液相时的体积;S_1 为连拱隧道衬砌约束体的面积;S_2、S_3 分别为连拱隧道衬围岩束体的面积。

将式(3.42)代入式(3.43)则得到冻胀力 P,即:

$$P = \frac{\alpha V}{\dfrac{S_1}{K_1} + \dfrac{S_2}{K_2} + \dfrac{S_3}{K_3}} \tag{3.44}$$

设冻胀体的边长为 a,等边三角形,则有:

$$P = \frac{\dfrac{\sqrt{3}}{8} \alpha a}{\dfrac{1}{K_1} + \dfrac{1}{K_2} + \dfrac{1}{K_3}} \tag{3.45}$$

假定连拱隧道围岩体各相同性,均质,则有:

$$K_2 = K_3 = K \tag{3.46}$$

设连拱隧道围岩的刚度和衬砌的刚度比 γ,即:

$$\gamma = \frac{K}{K_1} \tag{3.47}$$

将式(3.46)和式(3.47)代入式(3.45),则有:

$$\frac{P}{K_1} = \frac{\frac{\sqrt{3}}{8}\alpha a}{1+\frac{2}{\gamma}} \tag{3.48}$$

由式（3.48）得到了关于$\left(\frac{P}{K_1}-\gamma\right)$的关系，可以看出，冻胀力的大小与连拱隧道围岩体和衬砌结构的刚度相关，再由式（3.48）得到关于$\left(\frac{P}{K_1}-\gamma\right)$的曲线图，然后考虑连拱隧道背后缺陷$a$取值不同的5种情况，如图3.41所示。分析结果得出：刚度比γ在区间（0，6）内时，连拱隧道背后缺陷引起的冻胀力与衬砌抗压刚度比变化最为显著，最后趋于一个定值，也可以看出$\frac{P}{K_1}$随着刚度比的增大而增大。连拱隧道背后缺陷冻胀压力还与缺陷的尺寸和充水体的大小有关，由图3.41可以看出，缺陷的尺寸和充水体越大，冻胀力也就越大，因此，引起连拱隧道渗漏水病害的概率也就越大。基本上，目前的状况是隧道有冻胀就有渗漏水，所以，在连拱隧道施工过程中，一定要尽可能地避免衬砌背后的空洞，开挖过程中尽量使用光面爆破，减少超、欠挖并且一定要做到衬砌与围岩密切等，这些都是因冻胀而产生渗漏水的隐患。可以看出，缺陷的尺寸和充水体的大小直接关系到冻胀力的量级水平。

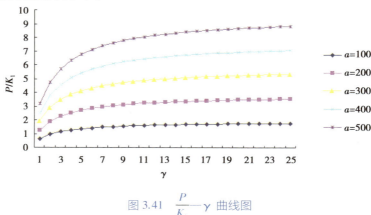

图3.41　$\frac{P}{K_1}$——γ曲线图

3.8　连拱隧道围岩隐块体引起渗漏水病害的探讨

通过对正建和营运连拱隧道的调研,发现许多连拱隧道二衬有裂缝,并且裂缝漏水,有的渗漏很严重,这样既损害了隧道的美观,又对连拱隧道的营运带来了困难,通过对关键块体的力学研究和某已完工但未营运的连拱隧道二衬裂缝处进行拱顶沉降和水平收敛,可知裂缝和渗漏发生的原因。这种块体的变形和位移的周期比较长,隧道开挖是没有办法发现的,由于块体在施工过程中破坏自然平衡状态,经过一段时间的自稳而破坏了防水板和二衬,相应地给连拱隧道带来了病害。本书称这种块体为即隐关键块体,同时提出了相应的处理措施。

连拱隧道的病害有很多种类型和治理方法,本书主要对已建和正建连拱隧道的裂缝进行了实地调查研究,调查发现,裂缝宽度基本包括轻微张开、张开和宽张开 3 种形式。裂缝主要出现在拱顶,拱顶有水平裂缝并出现渗漏水现象;水量较大,常在中隔墙表面出现流挂水膜,流挂水膜从墙顶延伸至墙基;有的较小,在表面形成浸水斑。如图 3.42、图 3.43 所示。

图 3.42　营运连拱隧道中隔墙表面出现流挂水膜

图 3.43　营运连拱隧道拱顶二衬水平裂缝

在自然状态下,块体处于一定的应力平衡状态,在连拱隧道施工过程中,由于岩体天然应力状态遭到破坏,引起连拱隧道周围岩体的卸荷回弹和应力重分布,当这种回弹应力和重分布应力超过围岩所能承受的范围时,将使暴露在临空面上的某些块体失去原始的应力平衡状态,从而造成某些块体沿着结构面失稳,进而造成工程岩体的失稳破坏,给施工带来严重威胁,直接影响施工的安全和进度。在自然状态下,这些空间镶嵌块体处于静力平衡状态。当进行边坡、地基以及地下洞室的人工开挖或对岩体施加新的荷载时,暴露在临空面上的某些块体失去原始的静力平衡状态,因而造成某些块体首先沿着结构面滑移、失稳,进而产生连锁反应,造成整个岩体工程的破坏。

3.8.1　块体力学分析

块体力指作用于可动块体上的力,如图 3.44 所示。

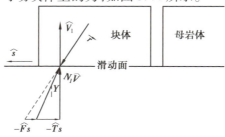

图 3.44　作用在块体上的力

①主动力合力为 $\vec{r}$，即由块体自重、外水压力、惯性力以及锚杆、锚索等加固力构成的主动力合力，即：

$$\overrightarrow{N} = \sum_l N_1 \widehat{v_1} \tag{3.49}$$

式中，N_1 为作用于滑动面 l 上的法向反作用力，因假定结构面不具有抗拉强度，故 $N_1 = 0$；$\widehat{v_1}$ 为结构面 l 的指向块体内部的单位法向矢量。

②滑动面上的切向摩阻力合力 $\vec{T}$（假定不计结构面的咬合力）：

$$\vec{T} = \sum_l N_1 \tan \varphi_1 \widehat{s} \tag{3.50}$$

式中，φ_1 为结构面 l 的内摩擦角；$\widehat{s}$ 为块体的运动方向。

③滑动面上假设切向力为 F，表示净滑动力。可建立作用于可动块体上力的平衡方程，即：

$$F \widehat{s} = \vec{r} + \sum_l N_1 \widehat{v_1} - T \widehat{s} \tag{3.51}$$

④当脱离岩体运动时，$N_1 = 0$，由式（3.50）和式（3.51）可以推导出净滑动力，即：

$$F = |r| \tag{3.52}$$

⑤当沿单面 i 滑动时，块体仅和平面 i 保持接触，式（3.50）可以写成：$T = N_i \tan \varphi_i$，$N_i = 0$。经过公式推导可知，净滑动力为：

$$F = |\widehat{n_i} \times \vec{r}| - |\widehat{n_i} \times \vec{r}| \tan \varphi_i \tag{3.53}$$

⑥当沿双面 i 和 j 滑动时，除了滑动面 i 和 j 以外，其余各结构面 l 均与岩体脱离。式（3.50）可以写成：

$$T = N_i \tan \varphi_i + N_j \tan \varphi_j, N_i = 0, N_j = 0 \tag{3.54}$$

经过公式推导可知，净滑动力：

$$F = \frac{1}{|\widehat{n_i} \times \widehat{n_j}|} \big[|\vec{r} \cdot (\widehat{n_i} \times \widehat{n_j})| |\widehat{n_i} \times \widehat{n_j}| - |(\vec{r} \times \widehat{n_j}) \cdot (\widehat{n_i} \times \widehat{n_j})| \tan \varphi_i -$$

$$|(\vec{r} \times \widehat{n_i}) \cdot (\widehat{n_i} \times \widehat{n_j})| \tan \varphi_j \big] \tag{3.55}$$

根据以上三式计算得滑动力 F 值。若 $F > 0$，块体失稳，则块体为关键块体，必须进行预锚固才能稳定；反之，若 $F < 0$，块体并未失稳，则块体为可能失稳块

体,本书定义为隐块体。

3.8.2　隐块体现场的监测及研究

综观国内外块体理论研究现状,可以看出,关键块体理论的研究已经相当成熟,但到目前为止,尚未有人将其应用到高速公路的块体稳定性研究中,这类块体变形和位移的周期较缓慢,尚未被人们认知。

本书针对现场调查研究,对其中一个典型的已完工还未营运的连拱隧道,在二衬开裂比较严重的拱腰上设置了4个断面,断面的点标号为1—1、1—2、1—3、1—4为拱顶设置的4个测点,点标号为2—1、2—2、2—3、2—4,监测时间从2009年4月3日开始一直监测到7月3日,为期3个月。

从图3.45—图3.48的累计收敛时程曲线可以看出,二衬之后的在建或者营运的连拱隧道混凝土开裂,监测的变形量基本上在3个月内又回到起初的变形值,变形量大约在1 mm,基本上保持不变。由图3.49—图3.52的累计沉降时程曲线可以看出,拱顶的沉降量很小,基本上不到1 mm,说明这个变形量不是由地表的沉降引起的,然后对地表进行观察,发现地表没有发生沉降,所以,这种变形是由裂缝隐键块体的自平衡引起的,然后,裂缝的产生破坏了二衬之上的防水板,就发生了渗漏水。这种隐块体的变形,位移周期很慢,但是到了一定的程度,裂缝的宽度会变大,影响连拱隧道的运行。

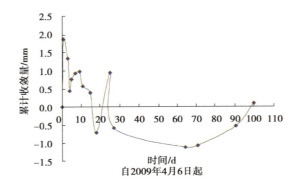

图 3.45　断面 1—1 测线累计收敛时程曲线

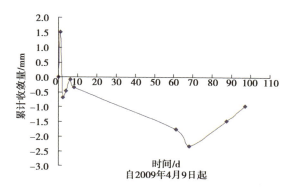

图 3.46　断面 1—2 测线累计收敛时程曲线

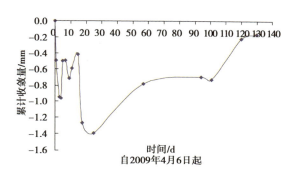

图 3.47　断面 1—3 测线累计收敛时程曲线

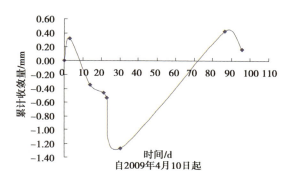

图 3.48　断面 1—4 测线累计收敛时程曲线

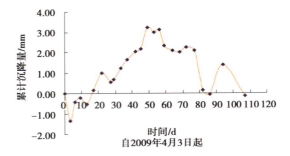

图 3.49 断面 2—1 拱顶累计沉降时程曲线

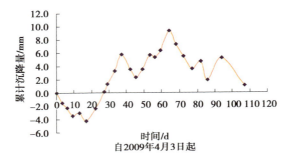

图 3.50 断面 2—2 拱顶累计沉降时程曲线

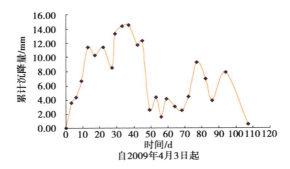

图 3.51 断面 2—3 拱顶累计沉降时程曲线

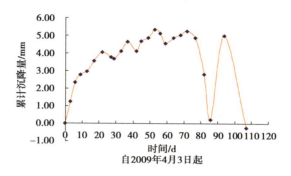

图 3.52　断面 2—4 拱顶累计沉降时程曲线

3.8.3　隐块体引起连拱隧道裂缝等级划分

1) 二衬裂缝开裂等级

裂缝对连拱隧道稳定性的影响不仅限于宽度,还涉及裂缝的位置、方向、长度、密度、深度等诸多方面,为了便于操作,当其他方面对隧道结构稳定十分不利时,采取相应影响程度提高一个级别的方法对待。张志国等通过统计资料、调查和整治经验,对于采用钢筋混凝土衬砌的隧道,提出了如表 3.11 所示的分级方法。彭立敏、刘小斌按照裂缝宽度的大小,提出了如表 3.12 所示的 4 个等级。

2) 隐块体引起连拱隧道裂缝的处理

根据表 3.11 和表 3.12,现场将某连拱隧道二衬之后宽度 0.6 mm、垂直错距 16.1 mm 和水平错距 20.5 mm 的裂缝拆除,去掉已破坏的防水板,发现正上方有正在下移的较大的隐块体,损坏了防水板和二衬,导致渗漏水的发生。

表 3.11　裂缝宽度影响程度分级

检查项目	环境	材料	裂缝宽度 W/mm	影响级别
二次衬砌裂缝宽度	正常温度环境	钢筋混凝土	$W \geqslant 0.5$	严重影响 A
			$0.3 \leqslant W < 0.5$	严重影响 B
			$0.2 \leqslant W < 0.3$	严重影响 C
			$W \leqslant 0.2(0.1)$	严重影响 D

表 3.12　裂缝错距分级

错距分类	垂直错距/mm	水平错距/mm
小错距	$\varepsilon<2$	$C\leqslant25$
中错距	$2<\varepsilon<20$	$25<C<50$
大错距	$\varepsilon\geqslant20$	$C\geqslant50$

3.9　本章小结

　　利用改进的层次分析法,对引起连拱隧道渗漏水病害的 18 个因素进行了分析,得出了连拱隧道的结构形式是影响连拱隧道渗漏水的主要因素。20 世纪 90 年代以前修建的连拱隧道的中隔墙都是整体式中隔墙,这种形式的中隔墙自身的缺陷使得渗漏水病害尤为严重,直到后来采用复合式直中墙或者复合式曲中墙,左右洞各自成防排水体系,互不干扰,才在一定程度上遏制了其渗漏水病害的发生。此外,施工也是不可忽视的因素,"三缝"施工、防水板施工、排水管施工都应严格按照要求,只要一个因素出现问题,渗漏水病害发生的概率就会增大。

　　通过对连拱隧道整体式中隔墙结构特点、结构形式以及防排水结构的分析,得出了整体式中隔墙渗漏水的机理,提出了相应的改进措施。

　　采用大型有限元分析软件,讨论了连拱隧道在考虑渗流场效应时施工对渗流场的影响以及施工力场的反应规律,用于指导隧道防排水的设计与施工,为渗漏水病害的防治提供理论依据。

①随着隧道开挖,隧道周边围岩孔隙水压开始下降,地下水向洞内渗透,造成渗流场的改变,使得隧道周围形成了水压力差,最终形成了一个类似于渗水漏斗的形状。随着开挖面的增大,隧道渗水漏斗也增大,最终形成了一个双漏斗的形状;远离隧道的孔隙水在水压力作用下向临空面流动,最终达到稳定。连拱隧道开挖过程中,渗流影响的半径大约是单洞直径的 4 倍。

②拱腰处的水平排水速度最大,拱脚和洞顶处竖向排水速度最大,在隧道拱脚和中隔墙顶的速度矢量分布密集,拱墙处的速度矢量分布次之,孔隙水呈辐射状涌向隧道,说明隧道开挖后渗漏水多发生在拱部、边墙、中隔墙墙顶与左右洞相接处。中隔墙与仰拱相接处也是隧道施工中涌水的部位,所以,在实际工程设计和施工中,需特别注意这几个部位防水措施的改进。

③随着连拱隧道的开挖,连拱隧道左右拱腰处水力梯度变化比较明显,开挖之后,右拱腰达到了 1.6 mm,左拱腰达到了 1.8 mm,说明在拱腰处的地下水渗进隧道,其单位渗透途径上的水头损失较大,拱腰处容易发生渗漏水病害。

④随着施工对渗流场的影响,反过来渗流场影响应力场、位移场、塑性区等,通过和不考虑渗流场施工力场对比得出,在考虑渗流场效应作用下,比不考虑渗流场效应时在竖直方向的应力降低 8% 左右,变化不大,而在水平方向上应力值要降低 25% 左右,说明在竖直方向影响比较大;隧道拱底的最大竖向位移达到了 4.3 mm,隧道拱底上升 3.7 mm,和不考虑渗流场效应时相比增大了 1 倍左右,而水平位移在考虑渗流场效应和不考虑渗流场效应时相差不大,这说明考虑渗流场效应对隧道围岩的水平位移影响不大;和不考虑渗流场效应时相比,塑性区的分布区域基本相同,但是分布的范围有所降低。

本章分析了降雨对连拱隧道渗漏水的影响,在此基础上,推导了连拱隧道衬砌裂缝、点渗、面渗、施工缝的渗漏水量计算公式,得出了渗漏水量随着地下水位的升高而增大,随着衬砌厚度的增加而减小,裂缝随着宽度增大而增大,面渗漏水量随着面渗半径的增大而增大。

根据隧道围岩内部化学反应情况,可以对防排水设计提供理论依据,对连拱隧道的施工和治理有指导性作用。通过建立物理化学数学规划模型,即将连拱隧道围岩内部化学反应作为一个目标函数,然后利用平衡原理、质量守恒定律、电荷守恒定律等作为约束,最后利用单纯性 Monte Carlo 法求其解,根据解的情况来分析连拱隧道围岩内部的水-岩相互作用,从而得出连拱隧道周围地下水对围岩的侵蚀程度。岩石侵蚀越大,地下水在岩石中的通道就越好,就越容易形成高水压和渗漏水病害。

通过对隧道冻胀现象的研究,构建了连拱隧道背后缺陷空洞,超、欠挖而未处理,衬砌与围岩密切性差等,冻胀力的大小与连拱隧道围岩体和衬砌结构的刚度相关,连拱隧道背后缺陷冻胀力还与缺陷的尺寸和充水体的大小有关,缺陷尺寸和充水体越大,冻胀力也就越大,因此,引起连拱隧道渗漏水病害的概率也就越大。目前的状况基本上是隧道有冻胀就有渗漏水发生,所以,在连拱隧道施工过程中,一定要尽可能地避免衬砌背后的空洞等缺陷,开挖过程中尽量使用光面爆破,减少超、欠挖以及一定要做到衬砌与围岩密切等,这些都是因冻胀而产生渗漏水的隐患。缺陷的尺寸和充水体的大小直接关系到冻胀力的量级水平。

通过对连拱隧道的实地调查、现场监测和实际连拱隧道拆除、重建发现,这种在开挖过程中不易发现的隐块体,变形和位移的周期非常缓慢,在达到自身新的平衡和应力的释放过程中导致二衬、防水板等的破坏,并且导致二衬裂缝的产生,这种裂缝势必进一步发展,损毁防水板等设施,产生渗漏水病害,更进一步地发展,严重影响隧道的营运。

第4章 整体式连拱隧道营运阶段
渗漏水三维数值模拟

通过连拱隧道渗漏水现象调研以及成因分析可以看出,整体式连拱隧道渗漏水最为严重,主要有"三缝"渗漏水,中隔墙渗漏水,衬砌点、面渗漏水等。为了研究在渗漏水过程中连拱隧道围岩体中地下水的变化,本书尝试用 Midas/GTS 软件模拟计算。

由于连拱隧道一般为浅埋、围岩破碎、偏压的短隧道,降雨引起地下水位的变化比较明显,因此,本章主要对 40 m、50 m、60 m 3 个水头作用下的中隔墙排水管排水、施工缝渗漏水、衬砌结构点渗漏水以及其组合进行模拟。

4.1 模型的建立

4.1.1 连拱隧道渗漏水三维模型的建立

本书采用大型有限元软件 Midas/GTS 软件模拟连拱隧道营运阶段的渗漏

水,以工程昱岭关连拱隧道地质模型为依托进行建模。模型总长度为 30 m,中隔墙每5 m设置一个排水管(共计 5 个),模拟中隔墙防排水体系;左洞二衬拱顶设置 6 个衬砌渗漏点、拱腰设置 6 个衬砌渗漏点,模拟连拱隧道衬砌点渗漏,右洞衬砌点渗漏和左洞的设置一样;左右洞每 10 m 设置一个施工缝,即左右洞各设置两个环向施工缝。模型如图4.1 所示。

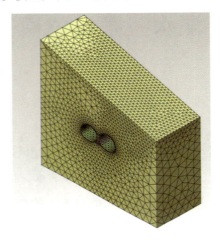

图 4.1　连拱隧道营运阶段
渗漏水实体模型

4.1.2　连拱隧道渗漏水部位组合

连拱隧道渗漏水的部位如图 4.2 所示。

根据工程所处地质环境、地下水以及降雨等情况,综合考虑 3 种工况下渗流场的变化,即对 40 m、50 m、60 m 的水头进行模拟。这 3 种工况都是考虑了连拱隧道中隔墙排水正常情况下的组合,这也和实际营运隧道相符合,如表 4.1 所示。

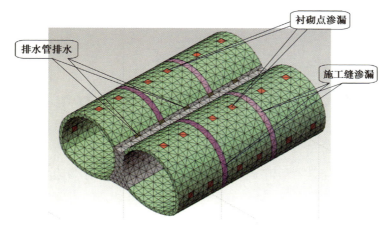

图 4.2　连拱隧道渗漏水部位图

表 4.1　发生渗漏水位置的组合

工况	组合	排水管排水	施工缝渗漏	衬砌点渗漏
工况一 40 m 水头	组合一	√		
	组合二	√		√
	组合三	√	√	
	组合四	√	√	√
工况二 50 m 水头	组合一	√		
	组合二	√		√
	组合三	√	√	
	组合四	√	√	√
工况三 60 m 水头	组合一	√		
	组合二	√		√
	组合三	√	√	
	组合四	√	√	√

　　考虑渗流场变化时模拟连拱隧道营运阶段的渗漏水,其渗透系数对其影响相对比较大,假定隧道围岩体各相同性,其渗透系数($k_x = k_y = k_z$)和第 3 章相同,围岩参数也和第 3 章相同。

4.2 不同工况下不同组合的总水头分布

在连拱隧道正常营运情况下,40 m、50 m、60 m 水头作为边界,模型都处于地下水的作用下。

4.2.1 工况一下不同组合的总水头分布

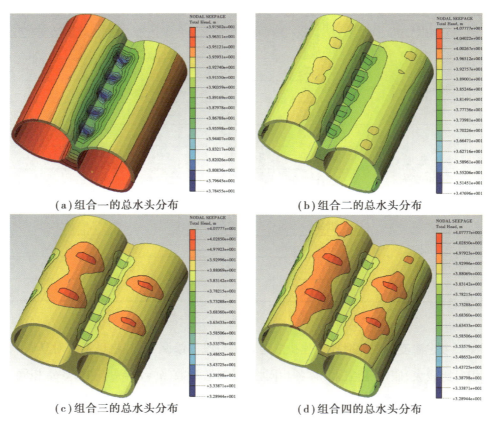

(a)组合一的总水头分布　　　　　　(b)组合二的总水头分布

(c)组合三的总水头分布　　　　　　(d)组合四的总水头分布

图 4.3　工况一下不同组合的总水头分布

从图 4.3 可以看出,在 40 m 水头作用下,连拱隧道中隔墙排水管正常排水,总水头压力值不是很大,由于中隔墙排水管排水,总水头在中隔墙顶部形成了一个叠加的降水小漏斗,有利于连拱隧道的营运,建议施工过程中对此处的排水设施加强施工,不要造成堵塞。在施工缝渗漏、衬砌点渗漏同时发生时,由于靠山体一侧有源源不断的地下水补给,其衬砌点渗漏、施工缝渗漏比较严重,这也和实际调研的情况相符合。

4.2.2　工况二下不同组合的总水头分布

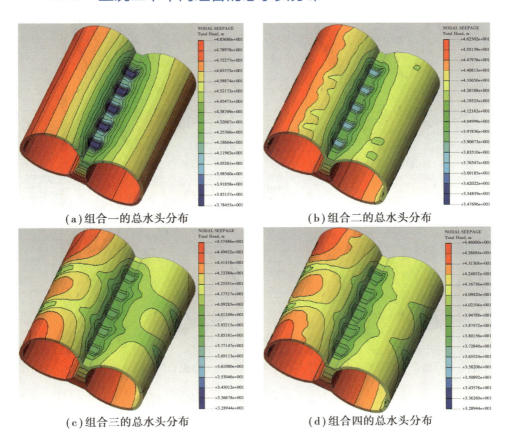

（a）组合一的总水头分布　　　　　　　（b）组合二的总水头分布

（c）组合三的总水头分布　　　　　　　（d）组合四的总水头分布

图 4.4　工况二下不同组合的总水头分布

从图 4.4 可以看出,和 40 m 水头相比,50 m 水头施工缝和衬砌点渗漏部位附近的水头降深比较明显,在相接处形成了小范围的降水漏斗叠加,只有排水管排水时,中隔墙顶部形成了较高的水头。靠山体一侧的施工缝渗漏和衬砌点渗漏比较严重,建议施工中做好此部位的衬砌混凝土施工和施工缝施工。

4.2.3　工况三下不同组合的总水头分布

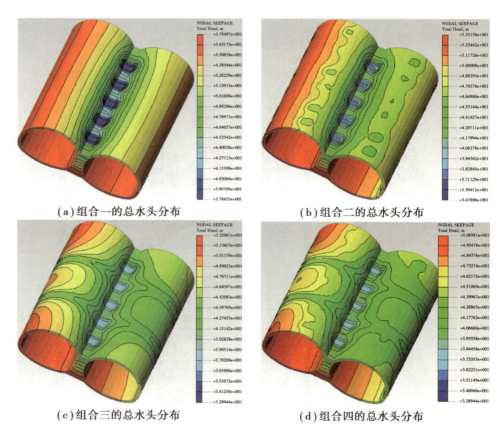

(a)组合一的总水头分布　　　　　(b)组合二的总水头分布

(c)组合三的总水头分布　　　　　(d)组合四的总水头分布

图 4.5　工况三下不同组合的总水头分布

和 40 m、50 m 水头相比,60 m 水头使连拱隧道营运时承受了较大的水压,当排水管排水、衬砌点渗漏和施工缝渗漏时,在整个连拱隧道上方形成多个降水漏斗的叠加,在渗漏处的水头变化比较大,影响范围也较广,说明水头较大时,渗漏水比较严重,尤其是靠山体一侧更为严重。

当排水管排水、衬砌点渗漏时,拱顶和拱腰衬砌点渗漏处水头明显降低,形成小范围的降水漏斗,衬砌点渗漏随着时间的推移,渗漏量将越来越大。

当排水管排水、施工缝渗漏时,靠山体一侧的施工缝渗漏对水头的影响较大,远离山体一侧的施工缝渗漏对水头的影响相对较小。

当排水管排水时,由于水头过高以及靠山体一侧地下水的补给,排水管排水远不能降低过高的水头,隧道营运处于较高的水压之下,给渗漏水的发生提供了一定的水压力。

4.3　不同工况下不同组合的孔隙水压力分布

4.3.1　工况一下不同组合的孔隙水压力分布

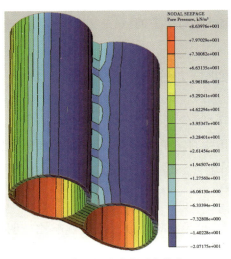

（a）组合一的孔隙水压力分布

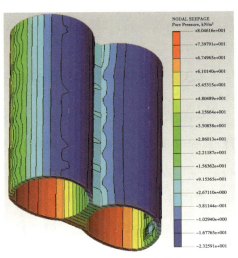

（b）组合二的孔隙水压力分布

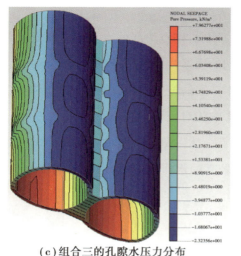

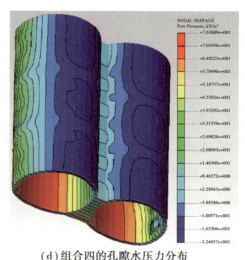

（c）组合三的孔隙水压力分布　　　　　　　　（d）组合四的孔隙水压力分布

图 4.6　工况一下不同组合的孔隙水压力分布

图 4.6 可以看出，在 40 m 水头作用下，只用排水管排水，就能降低孔隙水压力，使得连拱隧道能够正常地营运，也不受过高的水压影响。

当排水管排水、拱顶和拱腰处衬砌点渗漏时，衬砌点渗漏处的部位在很小范围内，降低了孔隙水压力。

当排水管排水、施工缝渗漏水时，相对于衬砌点渗漏，施工缝渗漏对孔隙水压力的影响较明显，和排水管降水形成的漏斗进行了叠加。

4.3.2　工况二下不同组合的孔隙水压力分布

从图 4.7 可以看出，在 50 m 水头作用下，排水管排水使得孔隙水压力有所降低，尤其是排水管部位降低比较明显。由于排水能力限制，连拱隧道还处于较高的孔隙水压力作用下，施工缝渗漏和衬砌点渗漏相对于 40 m 水头作用，其影响范围较大，渗漏水量也较大。

当排水管排水时，靠山一侧的衬砌点渗漏部位对孔隙水压力影响比较明显，小的局部部位相互叠加。

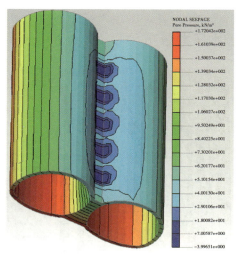

（a）组合一的孔隙水压力分布

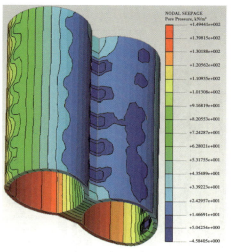

（b）组合二的孔隙水压力分布

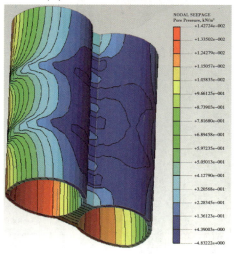

（c）组合三的孔隙水压力分布

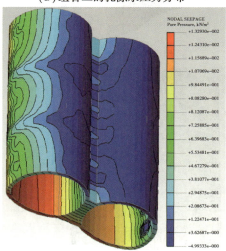

（d）组合四的孔隙水压力分布

图 4.7　工况二下不同组合的孔隙水压力分布

当排水管排水时,施工缝渗漏影响范围增大,靠山体一侧和排水管降水漏斗相互叠加,影响范围更为明显。

4.3.3　工况三下不同组合的孔隙水压力分布

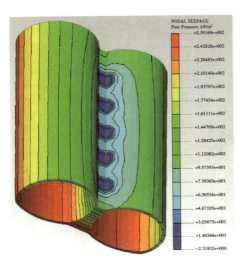

（a）组合一的孔隙水压力分布

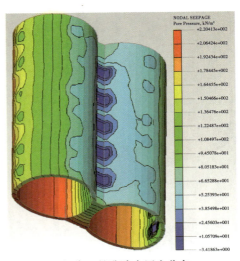

（b）组合二的孔隙水压力分布

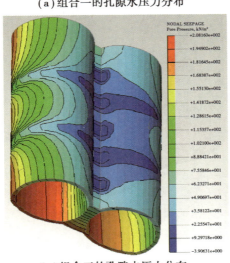

（c）组合三的孔隙水压力分布

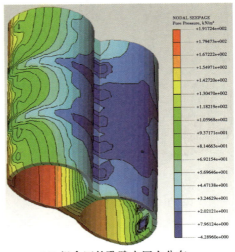

（d）组合四的孔隙水压力分布

图4.8　工况三下不同组合的孔隙水压力分布

从图4.8可以看出，在60 m水头作用下，排水管已远远不能降低过高的孔隙水压力，隧道处于高孔隙水压力作用下，施工缝渗漏、衬砌点渗漏、排水管排水三者之间相互影响,形成了相互叠加的降水漏斗,影响范围较大。

当排水管排水时,靠山体一侧拱腰处衬砌点渗漏影响更为明显,影响范围也更大,山体一侧地下水不断补给,使得衬砌点渗漏长期、不断地发生,且渗漏水量不断地增大。

当排水管排水时,施工缝部位影响范围增大,单个施工缝渗漏水影响范围贯通,和衬砌点渗漏、排水管排水影响范围叠加,尤其是靠山体一侧更为明显,说明过高的孔隙水压力和山体一侧地下水的补给,使得施工缝渗漏水长期、不断地渗漏,这也和实际调研的情况一样。

4.4　不同工况下不同组合的渗流速度分布

4.4.1　工况一下不同组合的渗流速度分布

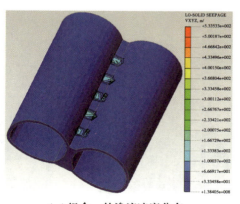
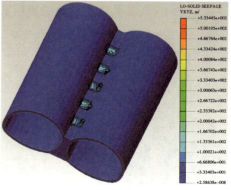

(a)组合一的渗流速度分布　　　　(b)组合二的渗流速度分布

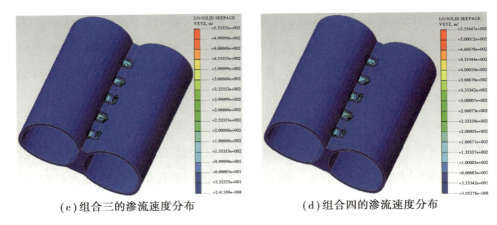

（c）组合三的渗流速度分布　　　　（d）组合四的渗流速度分布

图4.9　工况一下不同组合的渗流速度分布

从图4.9可以看出，在40 m水头作用下，由于水压力很小，流速分布在施工缝渗漏处和衬砌点渗漏处很小，排水管排水速度占据了绝对优势。

在排水管排水时，衬砌点渗漏和施工缝渗漏流速很小，在40 m水头作用下，由于水压很小，其渗漏量不是很大。

4.4.2　工况二下不同组合的渗流速度分布

从图4.10可以看出，在50 m水头作用下，排水管排水占绝对优势，能够将一定量的水排出，其排水管处的流速较大。

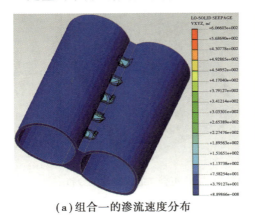

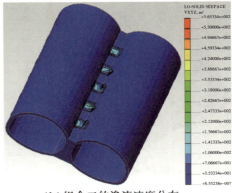

（a）组合一的渗流速度分布　　　　（b）组合二的渗流速度分布

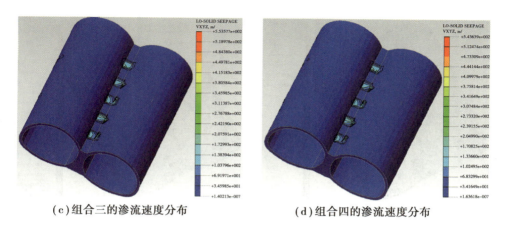

（c）组合三的渗流速度分布　　　　（d）组合四的渗流速度分布

图 4.10　工况二下不同组合的渗流速度分布

当排水管排水时，衬砌点渗漏，其流速相对于 40 m 水头下的变化较大，其渗漏部位流速变化也较大。

当排水管排水时，施工缝渗漏，在此水压下，施工缝渗漏的流速相对衬砌点渗漏有所增大，尤其是靠山体一侧的施工缝，其流速的增大较为明显。

4.4.3　工况三下不同组合的渗流速度分布

从图 4.11 可以看出，在 60 m 水头作用下，排水管排水处于较大的状态，排水管处的流速达到了最大值。

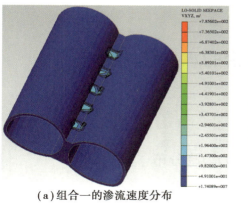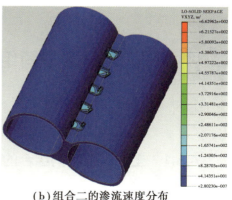

（a）组合一的渗流速度分布　　　　（b）组合二的渗流速度分布

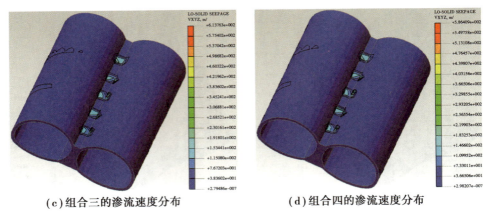

(c) 组合三的渗流速度分布　　　　　　(d) 组合四的渗流速度分布

图 4.11　工况三下不同组合的渗流速度分布

当排水管排水时,衬砌点渗漏流速较小,只在渗漏局部发生了较大的变化,靠山体一侧的流速相对较大。

当排水管排水时,衬砌点渗漏、施工缝渗漏,可以看出施工缝部位的流速较大,渗漏量也较大,靠山体一侧的施工缝渗漏速度变化更为明显,基本上和排水管排水流速贯通,进行了互相叠加。这说明施工缝渗漏的影响较大,其渗漏量也较大,说明水压过大对渗漏水的发生起决定性的作用。这和营运连拱隧道现场调研情况相一致。

4.5　不同工况下不同组合的水力坡降分布

4.5.1　工况一下不同组合的水力坡降分布

从图 4.12 可以看出,在 40 m 水头作用下只有排水管排水时,连拱隧道中隔墙顶部形成了一个小的降水漏斗,使得连拱隧道左右洞承受的水压降低,有利于连拱隧道的营运。

在排水管排水时,其衬砌点渗漏只在渗漏部位小范围内发生了较小的水头损失,发生衬砌点渗漏的驱动力较小,此时渗漏量也较小。

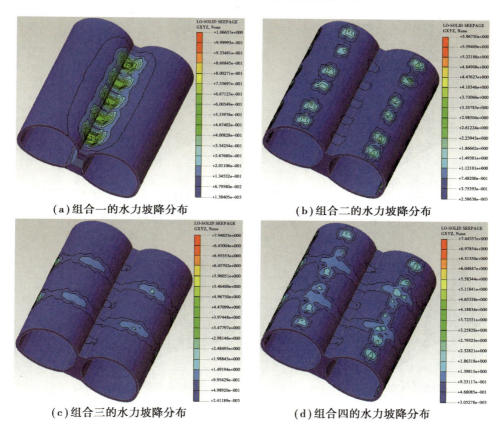

（a）组合一的水力坡降分布　　　　　　（b）组合二的水力坡降分布

（c）组合三的水力坡降分布　　　　　　（d）组合四的水力坡降分布

图 4.12　工况一下不同组合的水力坡降分布

在排水管排水时,施工缝渗漏相对衬砌点渗漏影响范围较大,相对于排水管排水其影响范围很小,渗漏量也不是很大。

在排水管排水时,衬砌点渗漏和施工缝渗漏相接处形成了小范围的叠加,此处的渗漏驱动力较大,渗漏量较大。

4.5.2　工况二下不同组合的水力坡降分布

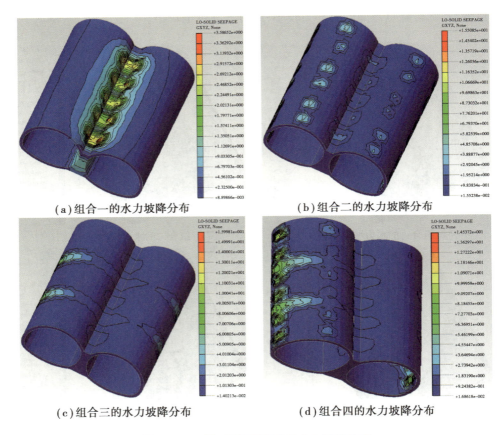

（a）组合一的水力坡降分布　　　　（b）组合二的水力坡降分布

（c）组合三的水力坡降分布　　　　（d）组合四的水力坡降分布

图 4.13　工况二下不同组合的水力坡降分布

从图 4.13 可以看出，在 50 m 水头作用下，当排水管排水、衬砌点渗漏、施工缝渗漏同时发生时，整体上地下水的水头损失比较大，渗漏水发生的驱动力也较大，尤其是靠山体一侧变化更为明显。

在排水管排水时，在靠山体一侧的衬砌点渗漏量较大，水力梯度在渗漏途径上水头损失也较大，其驱动力也较大，相对于远离山体一侧的拱腰和拱顶处的衬砌点渗漏量较小，影响范围也较小。

在排水管排水时，施工缝渗漏水影响范围较大，基本上和排水管影响范围叠加,但不明显,靠山体一侧的施工缝水力梯度较大,说明其发生渗漏水的驱动力也较大。

4.5.3　工况三下不同组合的水力坡降分布

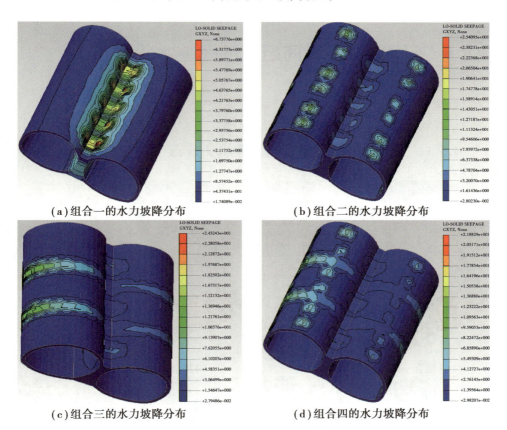

（a）组合一的水力坡降分布　　　（b）组合二的水力坡降分布

（c）组合三的水力坡降分布　　　（d）组合四的水力坡降分布

图 4.14　工况三下不同组合的水力坡降分布

从图 4.14 可以看出,在 60 m 水头和排水管排水的作用下,连拱隧道顶部存在较高的水压力,排水管排水、衬砌点渗漏、施工缝渗漏等发生渗漏的驱动力明显增大,水力迫降影响较大。

在排水管排水时,衬砌点渗漏部位的水力迫降较大,尤其是靠山体一侧比较明显,相邻的衬砌点渗漏已经相互影响、叠加。

在排水管排水时,施工缝处的影响范围变化较大,靠山一侧施工缝部位水力坡较大,驱动力明显增大,渗漏水量也增大。

4.6　不同工况下不同组合的孔隙水头分布

4.6.1　工况一下不同组合的孔隙水头分布

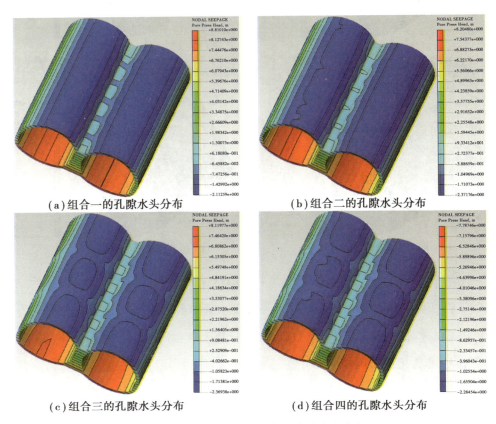

(a) 组合一的孔隙水头分布　　　　(b) 组合二的孔隙水头分布

(c) 组合三的孔隙水头分布　　　　(d) 组合四的孔隙水头分布

图 4.15　工况一下不同组合的孔隙水头分布

从图 4.15 可以看出,在 40 m 水头和排水管排水作用下,其孔隙水头损失较大,使得连拱隧道所受孔隙水压力较小,衬砌点渗漏、施工缝渗漏的水量较小。

在排水管排水时,衬砌点渗漏、施工缝渗漏同时发生,其影响范围比较小,相对来说,靠山体一侧的影响较大。

4.6.2　工况二下不同组合的孔隙水头分布

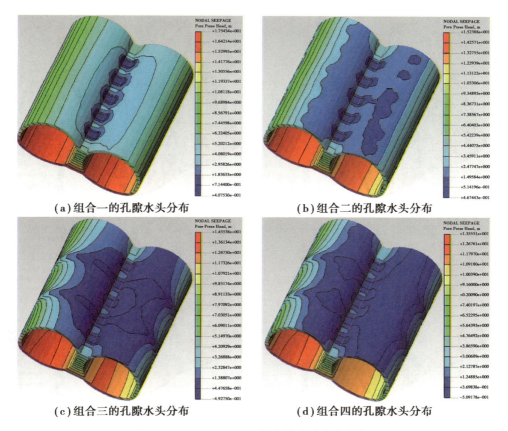

(a)组合一的孔隙水头分布　　　　　(b)组合二的孔隙水头分布

(c)组合三的孔隙水头分布　　　　　(d)组合四的孔隙水头分布

图 4.16　工况二下不同组合的孔隙水头分布

从图 4.16 可以看出,在 50 m 水头作用下,排水管排水虽然降低了孔隙水头,但由于靠山一侧地下水补给,孔隙水头仍比较大,因此衬砌点渗漏、施工缝渗漏较大,渗漏水量也较大。

在排水管排水时,连拱隧道拱腰处的衬砌点渗漏量较大,衬砌点渗漏部位的孔隙水头降低比较明显。

在排水管排水时,孔隙水头在左右洞施工缝处渗漏水呈现出不对称分布,靠山体一侧施工缝的水头影响范围较大。

4.6.3　工况三下不同组合的孔隙水头分布

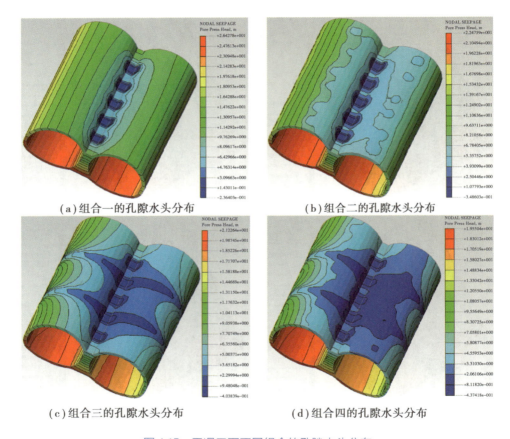

（a）组合一的孔隙水头分布　　　　（b）组合二的孔隙水头分布

（c）组合三的孔隙水头分布　　　　（d）组合四的孔隙水头分布

图 4.17　工况三下不同组合的孔隙水头分布

从图 4.17 可以看出,在 60 m 水头作用下,只有排水管排水时很难降低孔隙水头,使得连拱隧道处于高孔隙水头作用下,其衬砌点、施工缝很容易发生渗漏水。

在排水管排水时,衬砌点渗漏影响范围增大,尤其是拱腰处的衬砌点渗漏,它和排水管影响范围重合,出现了叠加,渗漏水量增大。

在排水管排水时,施工缝渗漏影响范围比衬砌点渗漏更大,整个施工缝贯通和排水管相连接,形成了叠加,靠山体一侧的施工缝影响范围更大。

4.7　本章小结

整体式连拱隧道营运中出现了较多的病害,其中渗漏水病害尤甚。渗漏水多发生在中隔墙、拱腰、拱肩及洞口等部位,衬砌结构也发生了衬砌点渗漏水,多出现在拱顶和拱腰处,渗漏水留下了一道道水痕,并有白色的钙质析出物。本书利用大型有限元软件 Midas/GTS 对昱岭关连拱隧道营运阶段的渗漏水进行了三维数值模拟。假定中隔墙排水管排水、防排水体系正常情况下,模拟了连拱隧道拱顶及拱腰处衬砌点渗漏水以及左右洞环向施工缝渗漏水 4 种组合。在 40 m、50 m、60 m 3 种水头工况下,得出了以下结论:

①3 种工况中,在 40 m 水头作用下,排水管排水就能降低地下水总水头,连拱隧道承受的地下水压力较小,其衬砌点渗漏和施工缝渗漏较小。这说明连拱隧道防排水体系正常情况下,水头较小时,排水管就能够排水,就能够降低水压,渗漏水发生的概率相对较小。因此施工中应加强排水管的施工,确保其发挥正常的作用。

②由于隧址区域降雨或者地表水体的补给,地下水位升高,即 50 m、60 m 水头时,排水管排水已经不能降低地下水位,此时连拱隧道营运阶段承受了较大的水压,其施工缝渗漏、衬砌点渗漏较为严重。

③地下水位越高,渗漏部位的孔隙水压力、渗流速度、孔隙水头就越高,对

渗漏水更为不利,在渗漏水部位孔隙水头影响较大,表现出了较大的渗漏水驱动力。

④连拱隧道靠山体一侧的地下水补给对渗漏水影响比较大,靠山体一侧的施工缝渗漏、衬砌点渗漏比较严重,这些部位的水力坡降较大,表现出了明显的水头损失,其渗漏水量较大。因此,在施工过程中应加强此部位的防排水施工及防排水措施的改进。

第 5 章　连拱隧道渗漏水病害雷达探测试验研究

5.1　连拱隧道裂隙雷达探测模型试验研究

隧道渗漏害的原因是多方面因素综合作用的结果,主要是由隧道工程所处环境的复杂性所决定的。一般情况下连拱隧道围岩破碎、风化强烈、节理裂隙发育,所以在连拱隧道初衬和二衬背后存在较大裂隙,裂隙里又有不同的填充物,含水并且含有一定的压强,隧道在开挖的时候一旦揭露,将会产生大量的渗水,随着填充物的不同,也可能发生管涌、流沙等灾害,给施工造成一定的困难,如果没有揭露,则随着隧道施工直至营运经过一定时间的耦合蠕变、损伤等,使得和隧道的初衬、二衬发生水力联系,破坏初衬和二衬,尤其是高压水、腐蚀性水和冻融等,使隧道产生裂缝并发生渗漏水,所以有必要找出初衬和二衬背后存在的裂隙,以减少渗漏水病害隐患。

5.1.1 裂隙模型设计、方案及与雷达电磁波速度测定

1）裂隙模型设计与制作

由于裂隙存在于连拱隧道围岩中，所以将其简化，用水泥砂浆（配合比值为 325#水泥：水：细砂 = 100：50：160）模拟围岩，中间空隙模拟裂隙，填进不同的材料模拟裂隙填充物，如图 5.1 所示，现场试验实体图如图 5.2 所示。为了使两条平行裂隙在浇筑时完整，可以预埋两块 800 mm×800 mm×100 mm 的泡沫，并保证泡沫固定及不变形。由于浇注体积比较大，为防止水化热等，加设临时支撑并分 4 层浇筑，第一层浇筑 0.3 m 将泡沫固定，依次浇筑第二层、第三层，最后一次浇筑完成。浇筑完成后挖掉泡沫，养护一个月后进行测试。考虑到模型边界尺寸效应可能对探测造成的影响及探地雷达天线的尺寸所需占用的范围，试验模型尺寸设为 120 cm×120 cm×100 cm。

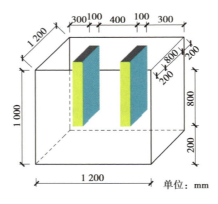

图 5.1　裂隙模型几何图

2）裂隙模型试验方案

对此模型分成 6 组进行试验，在模型的裂隙里添加不同的材料，分别为：空心、水、干砂（细度模数约为 0.60）、湿砂、石子（粒径约为 40 mm）、湿石子，分别用探地雷达测试，利用 800 MHz 的天线，依次保存数据。

图 5.2　裂隙模型实体图

对于 800 MHz 的屏蔽天线,收发天线的间距为 0.14 m,参数设置为:采样点数为 204,叠加次数为 8 次,时窗为 20 ns,道间距为 5 mm。揭示裂隙及填充物的雷达响应剖面图谱特征和异常体的深度信息。

3)模型介质探地雷达电磁波速度测定

隧道衬砌背后或者开挖的时候检测出是否存在裂隙及其分布范围和位置,然后计算出裂隙填充物的介电常数。围岩中的裂隙可以看作岩石的缺陷,缺陷位置的确定,要涉及电磁波在地下介质中的传播速度、目标深度的估计精度和目标体的聚焦成像质量,这些都是由介质中电磁波传播速度决定的,所以计算正确与否尤为重要,因此在做探测前一定要标定介质的电磁波传播速度。目前计算电磁波在介质中的传播速度的常规方法有:介电常数法、反射系数法、已知目标换算法、几何刻度法、迭代偏移处理法、霍夫变换法、CDP(共中心点)速度分析法和利用地下点目标上反射双曲线的弧度求速度法。

已知目标换算法是现场速度标定的一种常用方法,由于其方便快捷且能满足工程精度的要求,本试验也采用这种方法标定电磁波在介质中的传播速度。已知目标换算法就是用钻孔取芯或已知的地质体的厚度,将探地雷达天线移至目标体正上方进行测量,得出双程走时,然后再用公式 $v = 2h/t$ 计算出电磁波在介质中的传播速度。模型速度标定用三组雷达剖面计算,并取平均值,则可计算出水泥砂浆介质的电磁波速度为 0.11 m/ns,由于混凝土或水泥砂浆的电磁波速度与粒料的质量、含水率和致密程度等因素有关,因此现场每次探测前均要进行速度标定。

5.1.2 试验探测方法和探测仪器

1) 探测方法

在工程应用中,探地雷达能够根据探测和观测的数据揭示地质体的形态、结构和性质,在此基础上良好的采集数据是获取高质量、高清晰地质解释剖面的基础,在工程不同的应用场合,所需探测的对象千差万别,必须根据探测对象所处的地质环境及状况采用相应的测量方法,以保证探测记录质量和效果,截至目前,常用的探地雷达测量方法主要有反射方式的透射法、共中心点法、剖面法和宽角法。透射法主要用于现场条件允许情况下的建筑物、桥梁检测及近距离孔间透视;宽角法和共中心点法主要用于求取探测介质的电磁波传播速度。目前,在连拱隧道的衬砌检测和地质超前预报中,由于工程现场实际情况的限制,通常用反射方式的剖面法,所以本书也采用反射方式的剖面法。剖面法是探测时发射天线向岩土体内部连续发射脉冲电磁波,接收天线接收回波信号,发射天线和接收天线以固定间距沿测线同步移动的一种测量方式,如图 5.3 所示。波在介质中传播时遇到不良地质体界面时将产生反射,电磁波在界面突变处会产生振幅、相位、频率变化。收发天线每移动一次便获得一个记录,当连续移动时便会形成由一个个记录组成的探地雷达时间剖面图。横坐标为测线的位置,纵坐标为电磁波在介质中的双程走时,这样就可根据记录的旅行时间、幅度与波形资料推断正下方介质的结构及反射面的形态。

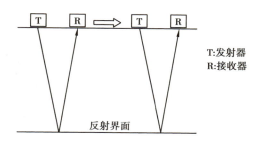

T:发射器
R:接收器

反射界面

图 5.3　剖面法示意图

2) 试验仪器

为了满足不断变化的各种工程实际需要,出现了越来越多的探地雷达系统,并逐渐由通用雷达系统向特殊目标探测或单一目标探测转变,向信号处理、机型小型化和识别功能智能化转变,由阵列雷达或单通道向多通道转变。探地雷达按仪器原理分频率域探地雷达系统和时间域探地雷达系统,时间域探地雷达系统在野外探测时图像效果直观,因而目前国内投入野外生产的探地雷达主要为时间域脉冲探地雷达,主要有瑞典 MALA 公司的 RAMAC 系列,中国光电二十二所的 LTD 系列产品、俄罗斯 GEOTECH 公司的 OKO 系列、美国 GSSI 公司的 SIR 系列。

RAMAC 系列雷达具有功耗低、集成化高、轻便、天线与主机之间采用光纤连接、抗干扰能力强、频带宽、采用外接笔记本计算机方式显示、不会因计算机技术的飞速发展而导致设备很快落后等特点,在工程领域中已得到越来越多的应用,本书的数据采集采用 MALA/GPR(图 5.4)第三代数字式主机(ProEx)系统进行。ProEx 系统的硬件主要由控制单元、天线、接收机、计算机、发射机、传输光纤和测量轮组成,所有 MALA 系列的探地雷达都兼容天线,主要有100 MHz、250 MHz、500 MHz、800 MHz、1 000 MHz、1 200 MHz、1 600 MHz 的屏蔽天线,以及各种相对低频的孔中天线和非屏蔽天线。

图 5.4　ProEx 系统结构图

5.1.3　裂隙不同含水填充物介电常数计算

探地雷达探测中天线的形式(收发一体式天线、收发分离式天线)决定了在实际工作中媒质相对介电常数测定与计算的方法,主要有已知目标深度法、共中心点法(CMP)、点源反射体法及层状反射体法。很多的工程实践证明,以上这些方法能够满足生产要求。根据本试验的情况,结合这几种方法的优缺点,选取已知目标深度法能够更精确地计算出试验裂隙填充物的相对介电常数。

试验中探测目标的深度(或者厚度)为 h,收(R)发(T)天线间距为 x(已知的),将雷达移动到模型体上方使得收发天线的中心(O′)位于目标(O)正上方,仪器记录目标体反射的电磁波双程走时 t(图 5.5)。对于绝大多数的非导电媒质,有公式 $v = c/\sqrt{\varepsilon_r}$($v$ 为电磁波波速;$c = 300$ mm/ns,为空气中的电磁波传播速度),从而有

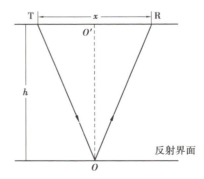

图 5.5　已知目标深度法工作原理示意图

$$\varepsilon_r = \frac{c^2}{v^2} = \frac{c^2 t^2}{4h^2 + x^2} \tag{5.1}$$

对于收发一体(特别是高频)天线,其收发距相对目标体的深度很小,故式(5.1)可简化为

$$\varepsilon_r = \frac{c^2 t^2}{4h^2} \tag{5.2}$$

空心裂隙如图 5.6 所示,即连拱隧道围岩存在的裂隙没有填充物,裂隙里充满了空气,然后根据波列图、灰度图、波形图(图 5.7)计算出其波速及介电常数。

图 5.6　现场空心裂隙图

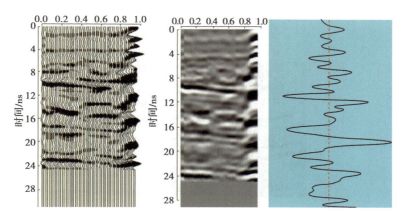

图 5.7　空心裂隙波列图、灰度图、波形图

由图可知:$t_1 = 9.653\ 23$ ns,$t_2 = 10.396$ ns,故波速为

$$v = \frac{2h}{t} = \frac{2h}{t_2 - t_1} = \frac{2 \times 0.1}{10.369 - 9.683\ 23} = 0.280\ 59\ (\text{m/ns})$$

介质介电常数为

$$w = \frac{c^2}{v^2} = \frac{0.3^2}{0.280\ 95^2} = 1.143\ 136$$

裂隙填充物为水,如图 5.8 所示,即连拱隧道围岩裂隙中填充物为水,往裂隙里加水,直至水面和模型顶面平行,为了不影响测量的结果,用塑料纸将其封闭起来。然后根据波列图、灰度图、波形图(图 5.9)计算出其波速及介电常数。

图 5.8 裂隙填充物——水图

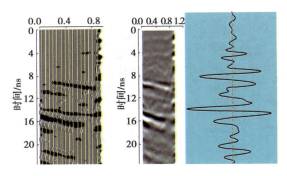

图 5.9 裂隙填充物——水波列图、灰度图、波形图

由图可知:$t_1 = 9.374\ 77$ ns,$t_2 = 15.037$ ns,故波速为

$$v = \frac{2h}{t} = \frac{2h}{t_2 - t_1} = \frac{2 \times 0.1}{15.037 - 9.374\ 77} = 0.035\ 23\ (\text{m/ns})$$

介质介电常数为

$$w = \frac{c^2}{v^2} = \frac{0.3^2}{0.035\ 23^2} = 72.325$$

裂隙填充物为干砂,如图 5.10,即连拱隧道围裂隙填充物为干砂,干砂的细度模数约为 0.60,然后根据波列图、灰度图、波形图(如图 5.11)计算出其波速及介电常数。

图 5.10 裂隙填充物——干砂图

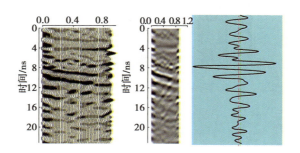

图 5.11 裂隙填充物——干砂波列图、灰度图、波形图

由图可知:$t_1 = 8.632\ 21$ ns,$t_2 = 10.767$ ns,故波速为

$$v = \frac{2h}{t} = \frac{2h}{t_2 - t_1} = \frac{2 \times 0.1}{10.767 - 8.632\ 21} = 0.093\ 686\ (\text{m/ns})$$

介质介电常数为

$$w = \frac{c^2}{v^2} = \frac{0.3^2}{0.089\ 78^2} = 10.254$$

裂隙填充物为湿砂,如图5.12所示,即连拱隧道围岩裂隙填充物为湿砂,是在干砂里加入水,直至水面和模型顶面平行,为了不影响测量的结果,用塑料纸将其封闭起来。然后根据波列图、灰度图、波形图(图5.13)计算出其波速及介电常数。

图5.12 裂隙填充物——湿砂图

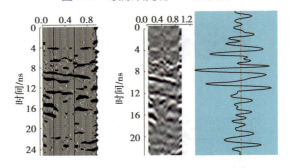

图5.13 裂隙填充物——湿砂波列图、灰度图、波形图

由图可知:$t_1 = 9.281\ 95$ ns,$t_2 = 12.159$ ns,故波速为

$$v = \frac{2h}{t} = \frac{2h}{t_2 - t_1} = \frac{2 \times 0.1}{12.067 - 9.281\ 95} = 0.069\ 51\ 56\ (\text{m/ns})$$

介质介电常数为

$$w = \frac{c^2}{v^2} = \frac{0.3^2}{0.069\ 515\ 6^2} = 18.62$$

裂隙填充物为石子,如图5.14,即连拱隧道围岩裂隙填充物为石子,粒径约为40 mm,然后根据波列图、灰度图、波形图(图5.15)计算出其波速及介电常数。

图 5.14　裂隙填充物——石子图

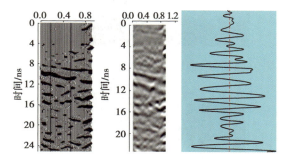

图 5.15　裂隙填充物——石子波列图、灰度图、波形图

由图可知：$t_1 = 8.725$ ns，$t_2 = 11.138$ ns，故波速为

$$v = \frac{2h}{t} = \frac{2h}{t_2 - t_1} = \frac{2 \times 0.1}{11.138 - 8.725} = 0.082\ 88\ （\mathrm{m/ns}）$$

介质介电常数为

$$w = \frac{c^2}{v^2} = \frac{0.3^2}{0.082\ 88^2} = 13.102\ 1$$

裂隙填充物为湿石子，如图 5.16 所示，即连拱隧道围岩裂隙填充物为湿砂，然后在干砂里加入水，直至水面和模型顶面平行，为了不影响测量的结果，用塑料纸将其封闭起来，装入石子时轻放，以免戳破塑料纸。然后根据波列图、灰度图、波形图（图 5.17）计算出其波速及介电常数。

由图可知：$t_1 = 9.374\ 77$ ns，$t_2 = 13.273$ ns，故波速为

$$v = \frac{2h}{t} = \frac{2h}{t_2 - t_1} = \frac{2 \times 0.1}{13.273 - 9.374\ 77} = 0.051\ 305\ （\mathrm{m/ns}）$$

介质介电常数为

$$w = \frac{c^2}{v^2} = \frac{0.3^2}{0.051\ 305^2} = 34.191\ 9$$

图 5.16　现场裂隙填充物——湿石子图

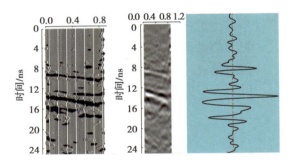

图 5.17　裂隙填充物——湿石子波列图、
灰度图、波形图

六寨至宜州高速公路所经区域位于黔中高原向广西盆地的过渡地带,地貌以丘陵为主,间有岩溶地貌和较为发育的裂隙。全线共建有隧道 33 座,全部地处岩溶和裂隙发育带,地质条件极其复杂,其中发生过突泥涌水等突发性地质灾害的隧道共就有 30 座,而加底峒隧道就是其中的一座。该隧道因裂隙及细粒砂质填充物而发生了突水管涌的灾害。

根据探地雷达工作的原理,探地雷达发射具有一定宽度的高频电磁波,通过介电常数不同的岩体反射回雷达。由以上试验可以看出,发射出高频电磁波经过不同的裂隙填充物,由于裂隙填充物和周围岩体的介电常数不同,尤其是含水量不同,反射波强度就不同。由图 5.6、图 5.19 可以看出水和含水率高的裂隙填充物对探地雷达波的反射越强烈,反射波强度越大;雷达波通过含水体裂隙填充物后,雷达高频成分被吸收,被含水裂隙填充物的反射波的优势频率降低。通过以上灰度图和波形图的分析也可以看出,雷达波从其他介质到含水裂隙填充物层界面的反射波相位与入射波恰好是相反的。

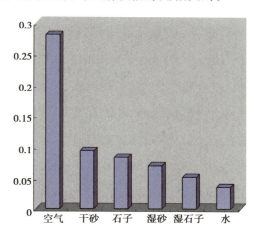

图 5.18　几种裂隙填充物的波速三维柱形图

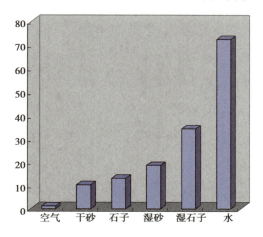

图 5.19　几种裂隙填充物的介电常数三维柱形图

由此可以看出,在连拱隧道建设前期的勘察设计和施工过程中,对裂隙及填充物的识别尤为重要,是防止施工过程中出现灾害的有效手段之一,也给连拱隧道防排水设计和注浆提供了一定的依据。为同种类型的项目探测解释和病害评价提供了科学依据。

5.1.4　裂隙含水探测数据三维处理

在解释雷达图像及数据时,要正确地揭示地质情况,不仅需要水文地质等方面的专业知识,更需要对雷达图像及数据有更深的理解。一般在实际的工程中,往往这两方面都很欠缺,水文地质等方面的专业知识需要长期的学习与积累,是一个长期的过程,而对雷达图像及数据的处理,我们可以利用现有的软件对其进行三维处理,使地质情况能够更清楚地显现,让一般的工程人员都能够合理地解释水文地质情况,为工程设计与施工提供可靠的依据。为此将雷达二维与三维做一对比,然后用 MATLAB 编程对雷达图像及数据处理做三维处理,加以推广,为连拱隧道防排水设计与施工提供理论依据。

1) 裂隙含水二维处理图像及数据特征

由于篇幅有限,本书就选取裂隙含水作为研究对象,图 5.20 和图 5.21 是裂隙模型采用 800 MHz 天线测试的扫描图谱,未做信号处理。由于裂隙含水且埋深浅,通过调对比度可以看出微弱的异常信号,但由于波在水泥砂浆中被吸收衰减,并不能确定裂隙深度方向的信息。可以看出,由于探地雷达在扫描中是全程记录的方式,在记录了各种有效波的同时,所有的干扰也被一并记录下来;由于地下介质有滤波器作用,这样同时也使得回波信号被吸收、衰减,并且随着深度的增加回波信号衰减越快。要得到直观清晰的解释图,并且能够很好地反映衬砌内缺陷隐患情况,能够表示出回波信号幅度与目标物分界面的介质参数相对应的图像,就必须改善探地雷达扫描数据的质量,进行探测体深部信号增强和去除噪声,并通过波形、强度特征和同相性等分析,揭示不同缺陷隐患和地质灾害的图谱特征,推断出连拱隧道二衬背后或者衬砌后围岩内裂隙的赋存状态、尺寸大小及分界面,构筑地质—地球解释剖面,并根据前述方法计算裂隙填充物的介电常数,判断含水量的大小,为同种类型的项目探测解释和病害评价提供科学依据,同时给隧道水病害整治提供有力可靠的科学根据。

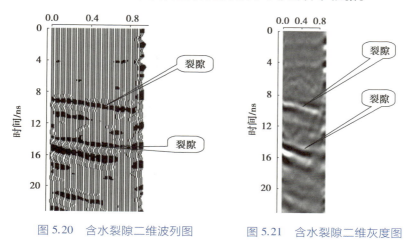

图 5.20　含水裂隙二维波列图　　　图 5.21　含水裂隙二维灰度图

2)裂隙含水和湿砂三维处理图像及数据特征

从以上分析可以看出,二维探地雷达图谱特征存在很多的缺点,对地质灾害体的确定性只能判别为可能或者有可能,尤其是裂隙填充物及裂隙的探地雷达图谱特征,加之对专业的要求,分析起来相当困难,所以推广三维图谱分析有利于解决这个难题。利用 MATLAB 编程实现对探地雷达数据的转换和对图谱特征的可视化,并对各种裂隙模型图谱进行模拟。本书选取了裂隙填充物水和湿砂进行 MATLAB 编程,然后取其切片图,使图谱特征更加直观,让一般的工程技术人都能够解释图谱特征,并和二维图谱特征(图 5.20、图 5.21)进行对比,得到了不同裂隙、不同填充物探地雷达探测的图谱特征和解释依据。图5.22—图 5.24 为含水裂隙通过 MATLAB 编程实现的可视化前视图、侧视图、主视图;图 5.25—图 5.27 为含湿砂裂隙通过 MATLAB 编程实现的可视化前视图、侧视图、主视图。

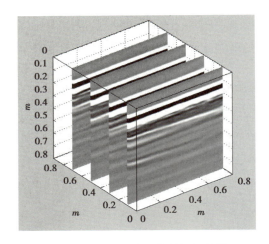

图 5.22　含水裂隙三维前视切片图

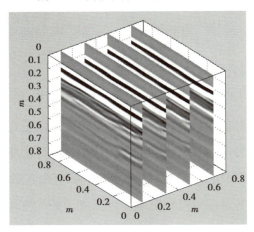

图 5.23　含水裂隙三维侧视切片图

裂隙的中心位置在测线的中心，与设计模型相符，裂隙的位置基本上与模型裂隙的位置一致，可大致看出裂隙的分布范围和形态，x 方向约 0.3 m，y 方向约 0.2 m，z 方向约 0.2 m。主视切片图上裂隙的形状与模型基本一致，只是远离坐标轴的裂隙分布不是很清楚，组成裂隙的棱角不是十分分明，主要是天线分辨率、干扰噪声和滤波手段以及绕射现象等综合作用的结果。从图中可看出，含水裂隙的图谱更为直观，这说明，在实际工程探测中，裂隙含水量越大，图谱特征越直观、清晰。图 5.24 和图 5.27 是三维的主视图，裂隙图像直观，并能通

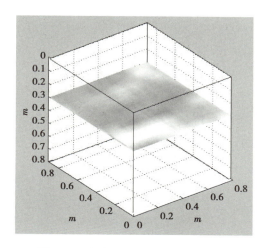

图 5.24　含水裂隙三维主视切片上图

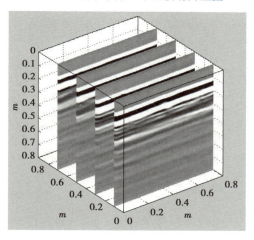

图 5.25　含湿砂裂隙三维前视切片图

过变换不同的切面了解各个切面上的信息和空间整体信息,三维测试实现了定量确定缺陷大小、形态和位置。从图中可判定裂隙的形态和方位,对裂隙是否存在的判断也比二维剖面更加直观,可以看出 z 方向 $0.0 \sim 0.8$ m 是模型裂隙 MATLAB 三维可视化的结果。

如图 5.22、图 5.23、图 5.25、图 5.26 所示,谱图裂隙模型 z 方向上 $0.8 \sim 1.0$ m 范围反射波比较均衡,没有异常体存在,$0.0 \sim 0.8$ m 范围内反射波及绕射波为裂隙异常体所导致的结果,并伴有多次漫反射和反射,反射波信号的能量随着测

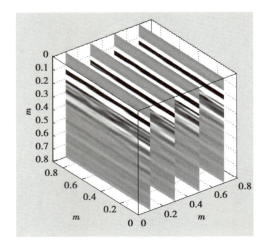

图 5.26　含湿砂裂隙三维侧视切片图

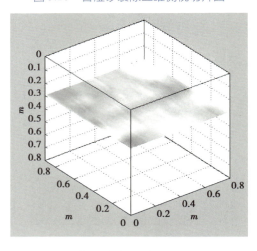

图 5.27　含湿砂裂隙三维主视切片上图

线位置变化而变化,在裂隙位置 $x = 0.2 \sim 0.6$ m 和 $y = 0.2$ m、$y = 0.6$ m 处的反射能量最强,离开裂隙位置的范围反射波逐渐减弱。从二维和三维的比较可以看出,三维的单切面比二维的单切面更具有层次感及立体感,其雷达谱图的解释更有说服力,具有简单易懂、精度较高等特点,所以可以将 MATLAB 的三维可视化在连拱隧道灾害体的评价中加以利用。

　　综上所述,探地雷达三维探测能定量确定裂隙的存在和位置的准确信息,提高了雷达探测图谱解释的直观性、可靠性和准确性,为现场三维探测提供了可行性和解释依据,并可根据裂隙的分布位置及裂隙填充物含水量大小进行危害程度评价,给连拱隧道设计和施工提供依据,尤其对施工过程中防排水的施工、注浆堵水施工等具有指导作用。

5.2　连拱隧道空洞雷达现场试验研究

衬砌背后空洞等隧道病害对在建隧道和营运隧道的影响越来越被大家所重视。连拱隧道衬砌背后空洞本身就是一种病害,在此基础上又引发了渗漏水病害,隧道衬砌与围岩密贴,在承受均匀荷载作用的同时,还能够产生充分的地层反力,在维持隧道稳定性过程中作用重大。但在隧道的施工过程中,因衬砌厚度不足、设计厚度与实际厚度存在差异、施工塌方处理不彻底,而在背后留有空洞的现象比较普遍。空洞使衬砌受到不均匀的荷载,产生充分的地层反力,对结构承载力产生影响。日本曾对此进行了大量的模型试验,得出的结论是:同等厚度的衬砌背后若有空洞,其承载力在同样位移条件下将降低到无空洞的1/3 以下。以上理论和实践都证明,隧道衬砌背后存在空洞会促进围岩的松弛,使衬砌产生弯曲应力,从而损伤衬砌功能,降低其承载力。

隧道一旦出现空洞,带来的直接病害及次生病害的治理都非常困难,特别是在营运阶段,其治理的费用相当高,所以有必要在施工过程中及时发现、及时处理,以保障隧道的安全营运。但由于许多隧道施工质量管理力度不够,施工单位偷工减料以及工人施工技术等,隧道衬砌背后的空洞依然存在,引起的病害也屡见不鲜。

连拱隧道开挖断面较大、中隔墙与左右洞分离先后施工等,由于施工及管理等原因,衬砌背后留下了空洞,给隧道营运遗留了渗漏水病害,特别是空洞中充满了有压或者腐蚀性的地下水,使渗漏水病害更严重。为了研究隧道空洞对隧道承载特性的影响,易引起隧道坍塌、裂缝以及渗漏水等灾害,利用探地雷达在有可能出现空洞的地方做现场试验,通过 MATLAB 小波分析对雷达信号进行处理验证了这种可能性的存在,在初衬期间及时对隧道空洞进行治理,可避免在二次衬砌或者营运时处理花费更大的代价。

5.2.1 现场衬砌背后空洞试验

1)探测目标成像及位置确定

探地雷达向被测物发射高频宽带短脉冲电磁波时,电磁波遇到不同介电特性的介质就会有部分返回,并接收反射波和记录反射的时间。当发射和接收天线沿物体表面逐点同步移动时,就能得到其内部介质剖面图谱。由于电磁波在不同介电特性的介质中传播时,其路径、强度、波形均随之变化,因而可根据接收到的波的旅行时间、幅度频率与波形变化资料推断介质的内部结构以及目标体的深度、形状等特征参数。

具体的异常体位置可通过雷达主机上雷达波的双程走时确定:

$$D = V \times \frac{T}{2} = C \times \frac{T}{2\varepsilon_r^{\frac{1}{2}}} \tag{5.3}$$

式中,D 为异常体埋深;T 为双程走时;V 为电磁波在介质中的传播速度 $V = \frac{C}{\varepsilon_r^{\frac{1}{2}}}$;$C$ 为电磁波在空气中传播的速度;ε_r 为介电常数,可查有关参数或测定取得。

2)现场试验布置

通过上述分析,对拱腰 O 点可能存在的空洞进行现场试验。按照如图 5.28 所示的布置,然后利用探地雷达进行探测,现场探测图如图 5.29 所示。每条测线用平直的木板顺着测线固定,然后探地雷达顺着木板依次从左到右、从上到下进行探测。为使现场试验具有较好效果,现场试验所采用的雷达天线频率为

500 MHz，其探测深度可以满足现场试验的要求。为了使精度更高，在拱腰 O 点处布置 42 条测线探测扫描 42 次。

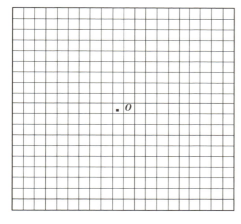

图 5.28　探地雷达在拱腰 O 点测线布置图　　图 5.29　现场探地雷达探测

5.2.2　MATLAB 小波分析对数据的处理

1）小波分解去噪原理

由于现场试验存在噪音等干扰因素，所以 MATLAB 小波去噪对结果的分析显得尤为重要。

设函数 $\psi \in L^1 \cap L^2$，且 $^{\wedge}\psi(O) = 0$ 按式（5.2）生成函数族，

$$\psi_{a,b}(t) = \frac{1}{\sqrt{a}}\psi\left[\frac{t-b}{a}\right], b \in R, a \in R - \{0\} \tag{5.4}$$

为分析小波，其中 a, b 分别为尺度参数和位移参数。

$$W_f(a,b) \leqslant f \tag{5.5}$$

$$\psi_{a,b} \geqslant \frac{1}{\sqrt{a}}\int_R f(t)\psi\left[\frac{t-b}{a}\right]\mathrm{d}t \tag{5.6}$$

我们将信号 $f \in L^2$，称为信号 f 的小波变换，其中 $\overline{\psi}$ 是 ψ 复共轭，由于 $\psi \in L^1 \cap L^2$，故存在关系式

$$W_f(a,b) \leqslant ka^\alpha \qquad (5.7)$$

即

$$\lg W_f(a,b) \leqslant \lg k + \alpha \lg a \qquad (5.8)$$

式中,k 是一个与所用小波函数有关的常数;α 是 Lipchitz(李氏)指数。由于噪声的李氏指数 $\alpha<0$,故随着尺度参数的增大,小波变换的模值逐渐减小。

基于以上原理采用信号分解系数 $c_{i,j}$ 的长度来设定固定的阈值(Sqtwolog):

$$\lambda = \text{sqrt}\{2 \times \lg[\text{length}(c_{i,j})]\} \qquad (5.9)$$

由式(5.9)可以看出,Sqtwolog 法滤波具有波形畸变大、波幅衰减快等特点。所以利用 Sqtwolog 法就可达到精度要求,进而用 MATLAB 进行编程处理。

2) MATLAB 程序对数据的处理

图 5.30 为没有处理的探地雷达波形图,由图可以看出,由于各种因素的干扰,出现了杂乱的波形,给分析造成了一定的困难。图 5.31 为小波分解去噪处理后的波形,由图可以看出,处理后,去掉了杂乱的干扰波,两幅图总体的波形图一致,都有一个较大的波峰和波谷,波峰处可以判断出空洞的两个界面,即空气和围岩的交界处。

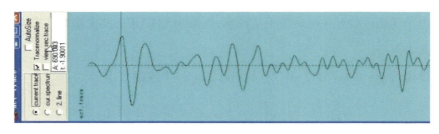

图 5.30　未处理的波形图

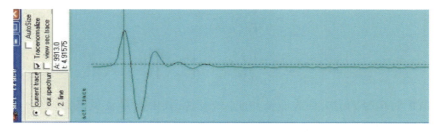

图 5.31　小波分解去噪处理后的波形图

由图 5.32 可以看出,现场的雷达谱图内部反射波增多,波形不规则,局部同相轴相位错乱,并且从总体上观察均有较明显的弧线形态。通过 MATLAB 小波分析,编程滤波后由图 5.33 可以看出,空洞顶面发射的界面更加清晰,并伴随多次反射,由此可以判断空洞的存在。对此处取芯验证,结果发现左拱腰 O 处附近初支背后确实存在空洞,而且深度达 1.05 m 左右,这充分证明由雷达图像作出的空洞判别是准确的。

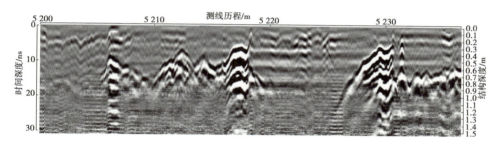

图 5.32　现场试验探地雷达谱图

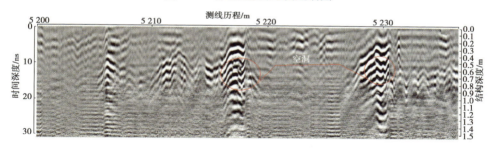

图 5.33　现场试验探地雷达谱图滤波图

通过现场试验,用探地雷达探测其空洞的存在,通过数据处理,雷达图像更加直观。

①隧道空洞病害治理尽量在施工的初衬之前做出对策,以免在二次衬砌和营运时治理花费更大,这期间需要加大质量管理力度,提高施工队伍技术素质等。

②用 MATLAB 小波分析对探地雷达信号进行分析处理,并且现场取芯验证了 MATLAB 小波分析隧道衬砌空洞雷达波形的可行性,是空洞雷达图谱识别的有力工具,对隧道质量检测工程具有重要的意义。

5.3 本章小结

1.本章通过模型试验以及探地雷达探测的应用,从理论上探讨了裂隙中7种不同含水填充物的不同特性,从试验可以看出,发射出高频电磁波经过不同含水的裂隙填充物,由于裂隙填充物和周围岩体的介电常数不同,尤其是含水量不同,水和含水率高的裂隙填充物对探地雷达波的反射越强烈,反射波强度越大;雷达波通过含水体裂隙填充物后,雷达高频成分被吸收,被含水裂隙填充物反射波的优势频率降低;雷达波从其他介质到含水裂隙填充物层界面的反射波相位与入射波恰好相反。给连拱隧道渗漏水防治、防排水设计和注浆提供一定的依据。

2.连拱隧道衬砌背后空洞本身就是一种病害,在此基础上又引发了渗漏水病害,本书通过现场试验,以及 MATLAB 小波分析对探地雷达信号进行分析处理,并且现场取芯验证了 MATLAB 小波分析隧道衬砌空洞雷达波形的可行性,对隧道渗漏水病害的治理提供了理论依据。

3.通过对二维图谱缺点分析,利用 MATLAB 编程实现对探地雷达数据的转换和对图谱特征的可视化,并对各种裂隙模型图谱进行模拟,然后取其切片图,和二维图谱进行对比,使图谱特征更加直观,使一般的工程技术人员都能够解释图谱特征,为隧道施工、渗漏水防治等提供了便利的条件。

第 6 章　连拱隧道渗漏水防治技术探讨

6.1　连拱隧道渗漏水结构设计防治措施

由第 3 章连拱隧道中隔墙设计结构的研究可以看出,这种整体式的中隔墙渗漏水病害比较严重,为此从设计结构出发,对整体式中隔墙连拱隧道提出了以下改进措施:

①在连拱隧道中隔墙设计中尽量不采用直墙式或者曲墙式整体式中隔墙,首选直墙式和曲墙式的复合式中隔墙,这样从结构形式上对渗漏水病害有一定的遏制作用。

②对中隔墙"V"形区域的防排水构造进行优化设计。设计中应先保证该部位承载的时效性,这样可以使先行洞的衬砌少承担上部地层压力,在一定程度上减少了中隔墙开裂的概率,相应地减少了隧道渗漏水的可能性。

③改进对中隔墙竖向和环向施工缝交叉部位的防排水构造。此部位是渗

漏水发生的薄弱区,一直以来工程中简单地用膨胀橡胶条进行处理,其效果一般。建议采用可排水止水带,其效果良好,但要注意此交叉部位的施工工艺且要精心施工。

④完善中隔墙顶部的防排水构造设计。此部位是连拱隧道中隔墙设计的难点之一,截至目前还没有一套很好的方法去解决此部位的渗漏水病害。为了加强该部位的防水效果,建议此处设计中尽可能地加厚中隔墙顶部防水层垫层的厚度。

⑤防排水设计时考虑生态需水位的要求。生态需水位是指地表植被正常生长所需的地下水位。连拱隧道生态需水位是指连拱隧道建设和营运过程中,只要保证洞顶及隧道周围生态正常时的地下水水位,如图6.1所示。H为连拱隧道生态需水位,可以看出H是一个值,随着隧道渗漏的不断发生,地下水位值逐渐增大,一直增大到地表的植被得不到地下水的供给时的值,如果超过这个值,那么地表的生态将被破坏,地表的井泉枯竭,严重的会引发岩溶地表塌陷等灾害。R为影响半径,可以看出R的大小直接体现出隧道渗漏水发生时影响范围的大小。H_0是地下水降深达到稳定状态时到连拱隧道地板的距离,即降深,此值越大,连拱隧道渗漏水越多。

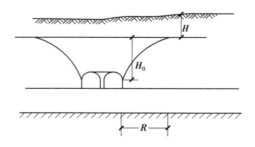

图6.1 连拱隧道生态需水位

在连拱隧道防排水系统设计之前,利用合理的方法计算出H、R、H_0,合理地设置防排水系统,排水做到不要破坏连拱隧道区域的生态环境,即$\leq H$;防、堵水使得影响半径变小,即使 R 尽可能地减小,隧道区域和中隔墙的水压减小,这样有一个量化的指标,从真正意义上遵循"防、排、截、堵相结合,因地制宜,综合治理"的原则。

6.2 连拱隧道渗漏水施工防治措施

由第 3 章连拱隧道施工时对渗流场的影响研究可以看出,隧道开挖后渗漏水多发部位主要集中在拱部、边墙、中隔墙墙顶与左右洞接触处,中隔墙与仰拱接触处也是隧道施工中渗漏水发生的部位,所以在实际工程设计和施工中,要特别注意这几个部位防水措施的改进。

①加强拱顶施工以及拱顶防排水施工。相对来说,拱顶混凝土和拱顶防水板的施工难度是最大的,容易造成空洞、密切以及防水板的破损等,这样就会引起渗漏水的发生,所以在施工时对此处应进行精心施工,加强管理。

②边墙和拱腰处的环向施工缝。这也是渗漏水的薄弱环节,尤其是环向施工缝和中隔墙纵向施工缝接触处。推荐此处采用可止水排水带防排水,做到刚柔结合。

③中隔墙墙顶与左右洞接触处。中隔墙与仰拱接触处等混凝土要加强养护,因为此处应力比较集中,一旦混凝土振捣不密实、施工工序不合理、支模脱空等都会引起大的变形。

6.3 降雨及地下水位变化引起连拱隧道渗漏水防治措施

1)连拱隧道变形缝设置

为了适应隧址区域降雨诱发的连拱隧道过大的变形与位移而产生的渗漏水病害,又要考虑到连拱隧道本身结构的整体性,以及变形缝的设置本身对连拱隧道结构就有不利的影响,所以在变形缝的设置中总体上要将刚、柔、防三者相结合,刚是刚度,变形缝的设置要保证一定的刚度,使得有利于连拱隧道的整体性和稳定性;柔是柔度,变形缝的设置要具有相应的柔度,即,使连拱隧道具有一定的变形和位移能力;防是防水,连拱隧道变形缝除了要有刚、柔之外,还要具有一定的防水作用,减少连拱隧道渗漏水病害的发生。

2)连拱隧道边坡排水系统

为了避免降雨引起连拱隧道边坡对隧道结构的影响,进而产生渗漏水病害,所以在连拱隧道边坡必须设置排水系统,包括连拱隧道坡面排水和连拱隧道坡体排水,保证能够及时地排除或者降低孔隙水压,降低连拱隧道支护结构的长期负荷,有利于限制连拱隧道渗漏水病害的发生,有利于连拱隧道的稳定性。连拱隧道边坡坡面排水主要是将坡面上的水截断,减少坡面体的面渗,减少降雨引起的径流量以及径流深,进而减少降雨的入渗。通过设置连拱隧道边沟和排水沟排除降雨量,再设置坡顶截水沟和平台截水沟以及跌水与截流槽;连拱隧道边坡坡体排水主要是将破体内入渗降雨转化为地下水以及深层的地下水排出。主要通过设置渗沟、盲沟及斜孔等,斜孔可以埋设 PVC 管,使得能够排除更深层的地下水。这样连拱隧道坡面排水和坡体排水相结合,对连拱隧道降雨引起的隧道渗漏水的遏制有一定效果。

3) 做好连拱隧道边坡体监测工作

降雨诱发连拱隧道边坡过大位移和变形,以此引起连拱隧道结构开裂,出现裂缝,进而引起渗漏水,所以对连拱隧道边坡体进行监测是非常有必要的,以免强降雨、连续长时间降雨及极端降雨等作用而产生连拱隧道结构变形甚至发生渗漏水病害,尤其是对高危连拱隧道边坡,建成后还须进行长期跟踪观测。对于可能在降雨期内发生连拱隧道边坡失稳的,必须采取相应的措施,以免造成危害以及引起连拱隧道结构过大变形。

6.4 冻胀引起连拱隧道渗漏水防治措施

连拱隧道围岩冻胀是一种自然现象,随着时间的推移也是一种循环的慢过程。但是连拱隧道衬砌背后一旦存在缺陷,那么这种自然现象就会作用于缺陷,即产生冻胀,使得连拱隧道衬砌结构、防排水体系受到破坏,从而引起连拱隧道渗漏水病害。为此,应采取以下措施来防止渗漏水病害的发生。

①加强施工队伍素质管理以及施工过程管理。在施工过程中施工人员对空洞没有很好地处理,或为了避免检查等随意敷衍过去,更有甚者直接用板盖住,然后浇筑混凝土,这使得空洞现象普遍存在,季节性的冻胀在这些空洞区域内很容易发生渗漏水病害。

②衬砌结构优化。季节性冻胀力对衬砌结构的作用,使得隧道局部出现了渗漏水,所以要加强衬砌混凝土在这种季节性冻胀作用下的耐久性,以及施工工艺、养护等。为此要进一步研究混凝土与围岩的粘贴性能等。衬砌的刚度不

宜过大且厚度也不宜过大,应尽可能地采用钢筋或钢纤维混凝土,以此达到刚度和厚度较小的目的。

③尽量采用先进的技术,避免超、欠挖等。以前使用的钻爆法,容易造成过大的超、欠挖以及不规则的开挖线,使得衬砌背后的贮水空间较大,冻害引起的渗漏水尤为严重。实际施工中可采用光面爆破,优化爆破参数,模筑混凝土之前应保证超、欠挖量不超过平均线,是规范中的要求值。

④减少连拱隧道衬砌背后的孔隙水以及保持或者提高洞内部的温度。在防排水施工中,一定要保证排水系统的畅通,一旦堵塞,地下水就会聚集在衬砌背后,冻胀现象就会更为严重;在寒冬季节提高洞内温度也是有效防止冻胀的办法,这也能在一定程度上遏制渗漏水的发生,保持或者提高洞内温度,可以在洞内设置防寒保温门、保温板、向隧道内通热风等,尤其是在离连拱隧道进出口越近的地方,应将温度保持在 0 ℃以上。

6.5　隐块体引起连拱隧道渗漏水治理措施

已经存在了隐块体,在缓慢的变形中其破坏防水板和二衬就会在所难免,针对连拱隧道的这种病害,提出以下治理措施。

(1)对营运几年时间的连拱隧道产生的裂缝,说明隐块体的规模不是很大,初衬和二衬基本上能够支撑其变形,虽然产生了裂缝,影响裂缝的级别为 C、D,错距为小错距,但是二衬钢筋完好,只要在二衬裂缝表面分层喷射或者涂抹 EQ 封闭剂封闭,然后加强养护就可以了。

(2)对于正建或者营运一年多时间的裂缝,其势必进一步发展,进一步损毁防水板等设施,产生渗漏,更进一步的发展严重影响隧道的营运,这种裂缝的等级通常为 A、B 级,错距为中大错距,为维持隧道营运必须处理,应拆除二衬、防水板等,然后在隐块体装少量的炸药将其炸碎,释放掉其应力,或者锚固注浆隐块体,限制变形和位移,然后更换防水板及防水板搭接,模筑二衬。

(3)通过对连拱隧道的实地调查、现场监测和实际连拱隧道拆除重建发现,这种在开挖过程中不易发现的隐块体,变形和位移的周期非常缓慢,在达到自身新的平衡前,应力的释放导致了二衬的破坏,从而破坏了防水板等防排水系统,严重影响了连拱隧道的营运。

(4)从隐块体的处理措施可以看出,只要是拆除重建,花费、代价就是很高的,处理起来有一定的困难。为了防止隐块体以及引起裂缝渗漏水的产生,开挖时应尽量采用无爆破作业或者光面爆破的开挖方式,爆破时要合理优化爆破参数,降低隐块体的产生。

6.6　营运连拱隧道渗漏水治理措施探讨

6.6.1　连拱隧道渗漏水治理原则

隧道公路规范一般情况下规定,隧道防排水应遵循"防、排、截、堵相结合,因地制宜,综合治理"的原则,为了保证隧道正常营运,隧道应对地表水、地下水进行妥善处理,保证洞内、洞外形成一个畅通的完整系统。通过对徽杭高速公路隧道群和金丽温高速公路隧道群渗漏水病害的特点、成因、遂址区域水文地质条件、施工资料等的分析,结合目前连拱隧道治理渗漏水病害的经验,对不同渗漏类型采用相应的处理措施及方法,裂缝渗漏水病害是最严重的,因此应重点进行治理,在材料的选择上要慎重,采取刚性材料和柔性材料相补,各取所长;其治理方法的选取应采用比较成熟、可靠的工艺;施工简单,治理效果好。

现行公路隧道渗漏水病害的相关规定,都是以保证隧道营运不受影响为主要依据,所以其治理的原则和措施首先保证规范的相关要求,然后再对其有重点地补防,做到心中有数,治理效果好,经济实惠。

①《公路隧道设计规范　第一册　土建工程》(JTG 3370.1—2018)是交通运输部在 2018 年颁布实施的,其相关的规定如下:

A.隧道防排水应做到防、排、截、堵相结合,因地制宜,综合治理,为了保证隧道营运的正常,隧道应对地表水、地下水进行妥善处理,保证洞内、洞外形成一个畅通、完整的系统。

B.规范中对二级公路、一级公路、高速公路隧道防排水做了以下相关要求:

a.隧道拱部、边墙、路面、隧道内辅助设备周围不渗水。

b.为了防止隧道有冻害、挂冰等病害出现,在此处也尽量以排为主,保证排水设施畅通,确保衬砌后不聚集大量的地下水。

c.为了行车及检修等的安全,应保证其服务通道内不滴水、不积水,车行横通道、人行横通道等服务通道和边墙不滴水。

C.相对于高等级高速公路隧道,三级公路隧道和四级公路隧道的要求比较低,应做到:

a.隧道拱部、边墙、路面、隧道内辅助设备周围不渗水;

b.为了防止隧道有冻害、挂冰等病害,在此处也尽量以排为主,保证排水设施畅通,确保衬砌后不聚集大量的地下水。

D.隧道防排水的设计施工,不能破坏隧址区域的生态环境,不能使地下水水位过大降低,施工时隧道内排水尽量减小,保证隧址区域内居民正常的生活、生产用水,所以应尽量采取堵水方案。

②2008 年颁布的《地下工程防水技术规范》(GB 50108—2008)对地下建筑物的防水要求做了更进一步的规定,将防水分为 4 个等级。在隧道工程方面,防水也相应提出了具体的要求,尤其是对隧道渗漏水进行了更详尽的要求及规

定,对渗漏水的形式、渗漏水是否发生等做了相关规定,也出台了定量化的标准,比如:无纺布密度必须大于等于 300 g/m² 等。

隧道渗漏水治理中,严格控制治理效果,严格控制质量,严格把关每一道施工工序,上道工序检验合格再进行验收,否则下一道工序不能进行施工,做到随时抽查与随时试验,最隐蔽工程应在掩埋之前确保各项指标达标,然后做好记录。

以前的规格对隧道工程的相关规定没有定量化的标准,使得在实际工程中,出现了可施作也可不施作的问题,施工单位之间纷争较多,使得治理效果并没有提高,所以随着隧道渗漏水治理经验的积累、渗漏水机理的研究,规范相应地出现一些量化的标准,使得渗漏水治理有据可依,治理效果良好。

此外,在渗漏水病害治理材料的选取上应慎重,为了不造成隧道洞内环境污染,应选取无毒、没有刺激性气味、耐久性良好的材料。

6.6.2　连拱隧道渗漏水治理措施

1)洞口截水沟处理

通过经济分析以及徽杭高速公路隧道群渗漏水情况分析,根据裂缝开裂情况的不同,可选择先涂刮后灌浆或先灌浆后涂刮的工艺。灌、堵、刮、涂等工艺的有机结合,可以取得良好的裂缝处理效果。建议采用沿衬砌内侧向外延伸铺设"U"形不锈钢槽的方案对洞口截水沟进行处理。此方案经济、施工工艺简单、治理效果良好。

该方案的具体操作为沿隧道内侧打磨装饰层,涂刷柔性防水材料,沿衬砌内侧铺设一圈"U"形不锈钢板(规格:30 cm×5 cm),钢板内侧用膨胀螺栓固定(螺栓间距:50 cm),外侧沿伸出隧洞口 5 cm,将不锈钢板焊接完好,从而引排地表降水以及隧洞渗漏水(图 6.2)。

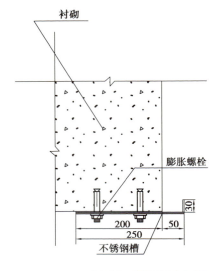

图 6.2　洞口截水沟图

其具体施工工艺为:①磨去装饰层;②涂刷 HK-G 环氧增厚涂料;③离洞口
10 cm 和 18 cm 处埋设膨胀螺栓;④用膨胀螺栓把不锈钢槽固定在衬砌内侧;
⑤对不锈钢和螺栓作防腐处理。

2) 裂缝渗漏水治理

针对隧道混凝土衬砌分散的裂缝及孤独的渗漏点的实际情况采取化学灌
浆的方法进行处理。灌注 HW/LW 或者 HK-G 灌浆材料进行堵水。

(1) 裂缝化学灌浆具体施工工艺

①对混凝土衬砌的表面裂缝处进行清理,沿渗漏裂缝开槽,槽的宽度为
2 cm,深为 2 cm。

②打孔:灌浆孔的间距根据裂缝粗细和深浅而定,一般情况下灌浆孔的间
隔为 10~25 cm。灌浆孔打在裂缝两侧 10~15 cm 处,孔斜穿至裂缝。为了达到
更好的处理效果,裂缝两侧的孔需交叉分布,然后用堵漏宝进行封堵。

③埋设注浆针头:在裂缝两侧打孔处埋设注浆针头。在埋设的注浆针头上
做一些技术处理,防止灌浆时产生漏浆现象。

④灌浆。用专门的灌浆设备灌入 LW 遇水膨胀灌浆材料,灌浆压力在 1.2~

1.5 MPa 时起灌。灌浆顺序一般由下而上、由深到浅。在灌浆时如出现渗漏浆液情况,先停止灌浆,封闭渗漏处后再进行灌浆,在规定压力下灌浆,直至达到灌浆标准,结束灌浆。

（2）隧道中的裂缝的处理

对于隧道中出现的细裂缝,主要分为 A 类、B 类两个等级,其处理方案如下:

● 对于 A 类裂缝:

①用水冲洗干净缝面,将缝面渗漏水时留下的水痕清洗干净并除去表面的污垢、杂物等,找出细缝。

②在隧道裂缝表面涂大约宽 20 cm 的专用底涂,并且施工时涂匀。

③待底涂干燥后,为了能在底涂层上形成致密涂层,涂两道宽约 15～20 cm 的增厚 HK-G 环氧增厚涂料。

④最后恢复表面的涂料。

● 对于 B 类裂缝:

①用水冲洗干净缝面,将缝面渗漏水时留下的水痕清洗干净并除去表面的污垢、杂物等,找出细缝。

②裂缝表面涂大约宽 20 cm 的专用底涂,并且施工时涂匀。

③待底涂干燥后,将灌浆盒在缝隙位置按照间距 30～50 cm 骑缝埋设,并且固定牢靠。

④为了能在底涂层上形成致密涂层,涂两道宽约 15～20 cm 的增厚 HK-G 环氧增厚涂料。

⑤配浆。按照设计进行配浆,待浆液混合均匀,在此过程中控制温度,一般应在 20 ℃ 以下,有时候为了使固化速度加快,应掺入适当的添加剂。

⑥灌浆。在此过程中,应控制好进浆的压力,一般为 0.2～0.4 MPa,最大的进浆压力不能超过结构允许值,在压力下进浆。裂缝处的浆液要饱满平整。

⑦灌浆结束。待 2～5 d,然后按照预先埋设的灌浆盒进行凿除,再涂刮平

整,为了达到更好的效果,选用 HK-G 环氧增厚涂料。

⑧最后恢复表面的涂料。

(3)对连拱隧道裂缝的补强处理

对于连拱隧道内的裂缝,提出了化学灌浆施工方法。化学灌浆具体的施工工艺如下:

①对裂缝进行清理,除去表面污物,为下一道工序做好准备。

②打孔。灌浆孔的间距根据裂缝粗细和深浅而定,一般情况下灌浆孔的间隔为 20~25 cm。灌浆孔打在裂缝两侧 10~15cm 处孔斜穿至裂缝。为了达到更好的处理效果,裂缝两侧的孔需交叉分布,如图 6.3 所示。

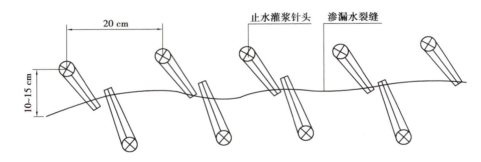

图 6.3　裂缝补强化学灌浆施工详图

③封缝。裂缝外面用 EQ 封闭剂进行封缝,再涂刷一道复合防水涂料,防止封缝材料开裂。

④埋设注浆针头。在裂缝两侧打孔处埋设注浆针头。在埋设的注浆针头上做一些技术处理,防止灌浆时出现漏浆现象。

⑤检查封闭效果。对漏气处重新封闭。

⑥浆液配制。根据当时气温、湿度等当地条件,配制灌浆用的浆液。

⑦用专业的高压灌浆设备进行灌浆。灌浆压力在 1.2~1.5 MPa 时起灌,达到标准结束灌浆。

3)"三缝"渗漏水治理

针对施工缝(含沉降缝、伸缩缝)渗漏水量大,表面有流淌的情况,应在纵向排水槽渗水较为明显的点或线附近设置钻孔引排点,钻孔的直径 7 cm,深度 150 cm(中隔墙内为 80 cm),孔内插入直径为 5 cm HDPE 打孔波纹管,靠围岩的一端用土工布绑紧,若出水量较大,适当增加钻孔引排点。若在打排水孔时发现隧道二次衬砌背后存在空洞,则应对其进行注浆处理。

从本书的调研及治理工作中可以看出,在连拱隧道施工过程中,由于连拱隧道在施工缝处渗漏水是最严重的部位之一,因此应做到多道设防的要求,本书也推荐张密、周立霞等的三道设防做法。这里不再赘述。

渗漏水材料的选取和施工工艺的采用是决定连拱隧道在施工缝处渗漏水成功的关键所在,每一道工序必须严格把关,相邻工序之间的搭接必须精心施工,做到环环相扣,因为一旦有一道工序出了问题,整个隧道防水的效果都会影响。在此基础上,应该借鉴接缝处理较成熟的铁路隧道、沉管隧道、盾构隧道等经验,做好这方面的创新与经验的积累。

4) 中隔墙渗漏水治理

由于中隔墙特殊的构造,其治理方案也要慎重选择,根据其特点选择治理工艺,治理方案主要有排水、引水与堵水 3 种。

(1)排水工艺

排水工艺主要有:凿槽—做引水腔—封堵"V"形槽。

①凿槽:中隔墙渗漏水按照其渗漏方式,在接缝处凿水平的"V"形槽,在墙面上凿竖向的"V"形槽,槽的尺寸大约为深度×宽度=6~8 cm×6~8 cm。

②做引水腔:在水平和竖向的"V"形槽中,水平槽内植入 50 mm 左右的透水软管,并用土工布包裹,竖向槽内植入 50 mm 硬塑引水管,水软管和竖向硬塑引水管搭接起来,然后排入侧沟内。

③封堵"V"形槽:在"V"形槽中铺设好透水管和引水管之后,先堵住槽口端,其材料应选用高分子聚合物砂浆和改性速凝水泥,然后再将槽身及槽内的透水管和引水管封闭,其材料应选用 DKMM 聚合物砂浆和 DK 堵漏宝,最后为了使槽口缝隙不影响排水的效果和适应自身的变形能力以及防水能力,应在中

隔墙排水槽的墙面上涂刷 DKTY 高强度增厚环氧涂料。

（2）引水工艺

也可以采用以下工艺进行引水，如图 6.4 所示。

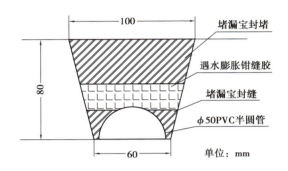

图 6.4　引水处理施工详图

①查找漏水点。对整个隧道衬砌进行漏水点查找，为下一个工序做好准备。

②凿槽。沿渗漏水裂缝或施工缝骑缝凿"U"形槽，槽的宽度和深度取决于渗漏水的流量，一般宽 10~15 cm、深 8~10 cm，所凿的槽要延伸至排水沟上边沿以下 30 cm，以保证水能顺畅排走。

③做引水空腔。根据具体情况埋设引水材料做引水空腔，每一条环向裂缝形成主引水通道，将其余的渗漏裂缝和渗漏点引至主引水通道；在每一条环向裂缝两端把水引入两边排水沟，形成引水网络系统。

④封缝。在严格清洗槽内混凝土表面的基础上，再用半管 PVC 管覆盖住槽中的施工缝，然后用凯利特堵漏宝封住两边，固定 PVC 管，做到 PVC 管两侧不留空隙。

⑤嵌涂柔性防水材料。在封缝之后嵌上 BW 遇水膨胀嵌缝胶，以适应缝的变形及热胀冷缩，达到永久防水的目的。

⑥在遇水膨胀嵌缝胶外面，用凯利特堵漏宝进行封闭。

（3）堵水工艺

在中隔墙处小面积渗漏水、渗漏点不是很严重的裂缝和漏点,一般情况下采用化学注浆,这样便于控制注浆量、确定注浆半径,能达到局部封堵渗漏水的良好效果。其浆液的配比必须经过设计论证,选择可灌性良好的材料,通过浆液的强度来调节其胶凝时间,固化较快。在中隔墙渗水量比较小、较微弱的细裂缝处,应采用 DKGL(H)水溶性聚氨酯材料,这种材料配制的浆液对混凝土内部的损伤、混凝土细裂缝能起到堵水作用,效果较好。

5)点、线渗漏水治理

点渗漏水的治理措施要点:

点渗漏水一般为射流、股流、线流,此时,按渗漏的大小,采用凿槽埋管直接排引,也可采用直接堵塞法。此时以点为圆心,把孔凿成直径 10~40 mm、深 2~20 cm 的孔,用水冲洗干净后,将水泥砂浆捻成与圆孔直径接近的小锥团,待其初凝时迅速堵塞于孔内,并向四周挤压,30 s 后检查有无渗漏,若无渗漏在表面抹防水层。

线渗漏水治理措施要点:

①对处于非施工缝(沉降缝或伸缩缝)位置的环向渗水裂缝,渗水量较大(滴水、流挂水),或施工缝处(含沉降缝、伸缩缝)渗水较小,只有流挂水膜及水珠,均采用凿槽埋管引排处理。即在衬砌表面开凿 8 cm×12 cm 的(渗水较大采用 15 cm×25 cm)倒梯形槽,内设直径 5 cm UPVC 半管(渗水较大采用直径 7.5 cm UPVC 半管)固定在槽中,开凿顺着隧道方向的纵向排水槽(一般设置在隧道起拱线位置)。然后通过开凿 8 cm×12 cm 环向倒梯形槽,埋设直径 5 cm UPVC 半管,通过直径 5 cm UPVC 管连接到拱脚盖板上原排水管或路侧排水沟。

②安装纵向和环向排水的槽用干硬性混凝土塞填(水灰比约 0.45),掺加适量的微膨胀剂,并在槽口部位封填 2 cm 聚氨酯密封胶封闭,外侧涂刷两层防水涂料。塞填混凝土前应先在槽内壁涂刷混凝土黏合剂两遍,并在两个内角涂抹

遇水膨胀止水胶。

③若渗水情况轻微(水珠或水膜)或有渗水痕迹的较大干裂缝($D \geq 0.2$ mm),采用灌注水溶性聚氨酯封堵处理;裂缝宽度较小($D < 0.2$ mm),采用裂缝封闭并用优质防水涂料处理。

④针对明暗洞接缝及施工缝位置因结构加强钢筋较密凿槽难度较大的情况,采用表面凿槽埋管处理。

6) 面渗漏水治理

面渗漏水的治理措施要点:

①面渗漏水处理应变面渗漏为点、线渗漏,结合点、线渗漏治理,对衬砌表面大面积湿渍,采用刮涂优质防水涂料两层,变面渗漏为点、线渗漏,并按以上方法对点、线渗漏进行处治。

②线渗漏处理包含了隧道表面清洗、清除、凿槽、做引水槽、封缝、嵌涂防水材料、封闭、后期养护、恢复瓷砖等项目。

③线渗漏处理引水需设置路侧纵向排水沟时,尺寸按 10 cm×8 cm 设置,渗漏水处理后对原隧道表面涂料作恢复处理,当隧道内两渗漏水处理点间距小于 50 m 时,原则上在瓷砖顶面至纵向排水槽之间均涂防水涂料处理,钻孔植管含钻孔波纹管、土工布等。

6.6.3 连拱隧道渗漏水病害治理效果

通过对连拱隧道渗漏水机理的分析以及治理措施的研究,对徽杭高速公路连拱隧群以及金丽温高速公路连拱隧道群渗漏水病害进行了治理,其效果如图 6.5 所示。经治理后,隧道渗漏水在一定程度上不滴水、不渗水,拱部和边墙也不渗水,路面上再没有形成积水,设备箱处不渗水,总体上保证了连拱隧道正常营运和行车安全,基本上达到了规范要求,可见其治理效果较好。在同类工程病害中具有其应用价值和参考价值。

图 6.5　渗漏水治理效果

6.7　本章小结

本章基于前几章的研究及对连拱隧道渗漏水机理的探讨,对连拱隧道渗漏水提出了治理措施,主要有连拱隧道渗漏水结构设计防治措施、连拱隧道渗漏水施工防治措施、降雨引起连拱隧道渗漏水防治措施、冻胀引起连拱隧道渗漏水防治措施、隐块体引起连拱隧道渗漏水治理措施等,并对这些技术措施进行了探讨;然后对营运连拱隧道出现的渗漏水病害的治理提出具体的施工工艺,主要有洞口截水沟处理、裂缝渗漏水治理、"三缝"渗漏水治理、中隔墙渗漏水治理、点和线渗漏水治理、面渗漏水治理等,使得治理措施经济可行,防渗效果好。

参考文献

[1] 杨其新, 刘东民, 盛草樱, 等. 隧道及地下工程防水失效性分析水[J]. 中国建筑防水, 2008(4): 22-26.

[2] 周小平, 钱七虎. 深埋巷道分区破裂化机制[J]. 岩石力学与工程学报, 2007, 26(5): 877-885.

[3] 曾恕辉, 付超. 双连拱公路隧道施工技术[J]. 铁道建筑技术, 2002(5): 31-33, 53.

[4] 臧万军, 高雄鹰. 隧道工程防水问题浅析[J]. 四川建筑, 2005, 25(3): 89-90.

[5] 李地元, 李夕兵, 张伟. 裂隙岩体的流固耦合研究现状与应用展望[J]. 工程地质学报, 2007, 5(1): 1-4, 11.

[6] 刘新荣, 黄明, 祝云华, 等. 锚杆支护下深埋圆形洞室塑性区半径的近似解[J]. 重庆大学学报(自然科学版), 2008, 31(5): 573-576.

[7] 钟祖良, 刘新荣, 袁飞, 等. 仰拱一次性开挖长度对黄土连拱隧道稳定性影响研究[J]. 岩土工程学报, 2008, 30(3): 462-466.

[8] 刘先珊, 刘新荣. 裂隙岩体非稳定渗流的离散-连续介质模型[J]. 煤炭学报, 2007, 32(9): 921-925.

[9] 蒲春平, 孙耀南. 隧道与地下工程渗漏水现状及其防治措施综述[J]. 世界

隧道，1999，22（1）：45-49，55.

[10] 卢赵伟. 公路双连拱隧道常见病害防治［J］. 西部探矿工程，2005，17（12）：178-180.

[11] 祝和权，李海燕，杜存山. 隧道渗漏水综合治理技术的研究［J］. 中国铁路，2014（5）：42-45.

[12] ZHANG X F, ZHANG Y N. Study on a new-styled measure for treating water leakage of the permafrost tunnels［J］. Tunnelling and Underground Space Technology，2006，21（6）：656-667.

[13] 徐发俊. 洋条公路隧道病害分析和整治［J］. 隧道及地下工程，1995（3）：48-52.

[14] 李固华，郭建国. 隧道衬砌裂缝和渗漏的成因、预防及治理［J］. 铁道建筑，2003（1）：23-25.

[15] 许和平. 对南昆线（西段）隧道衬砌渗漏水整治的思考［J］. 铁道工程学报，1999（2）：63-68.

[16] 关宝树. 隧道工程维修管理要点集［M］. 北京：人民交通出版社，2004.

[17] 陈吉森，吴继敏，孙少锐. 金丽温高速公路某连拱隧道渗漏水防治研究［J］. 西部探矿工程，2006（12）：175-177.

[18] 黄镇南. 论隧道病害的成因与整治［J］. 铁道建筑，2004（5）：27-29.

[19] 韩常领，李英，王万平. 公路隧道渗漏水整治对策［J］. 公路，2008（7）：238-240.

[20] 魏红. 公路隧道渗漏水的成因及处治方法［J］. 筑路机械与施工机械化，2009（6）：72-73，77.

[21] SEKI S, KAISE S, MORISAKI Y, et al. Model experiments for examining heaving phenomenon in tunnels［J］. Tunnelling and Underground Space Technology，2008，23（2）：128-138.

[22] ASAKURA T, KOJIMA Y. Tunnel maintenance in Japan［J］. Tunnelling and

Underground Space Technology, 2003, 18(2): 161-169.

[23] CHANG C T, WANG M J, CHANG C T, et al. Repair of displaced shield tunnel of the Taipei rapid transit system[J]. Tunneling and Underground Space Technology, 2001, 16(3): 167-173.

[24] LAEKNER R, MANG H A. Cracking in shotcrete tunnel shells[J]. Engineering Fracture Mechanies, 2003, 70(7-8): 1047-1068.

[25] HUANG H W, LIU Y J, XIE X Y. Application of GPR to grouting distribution behind segment in shield tunnel[J]. Rock and Soil Mechanics, 2003(s2): 353-356.

[26] HAGE CHEHADE F, SHAHROUR I. Numerical analysis of the interaction between twin-tunnels: Influence of the relative position and construction procedure[J]. Tunnelling and Underground Space Technology, 2008, 23 (2): 210-214.

[27] IKUMA M. Maintenance of the undersea section of the Seikan Tunnel[J]. Tunnelling and Underground Space Technology, 2005, 20(2): 143-149.

[28] RICHARDS J A. Inspection, maintenance and repair of tunnels: International Lessons and Practice[J]. Tunnelling and Underground Space Technology, 1998, 13(4): 369-375.

[29] HSIEH Y M, WHITTLE A J. A computational strategy for solving three-dimensional tunnel excavation problems[J]. Computational Fluid and Solid Mechanics, 2003(8), 324-328.

[30] CHU B L, HSU S C, CHANG Y L, et al. Mechanical behavior of a twin-tunnel in multi-layered formation[J]. Tunnelling and Underground Space Technology, 2007, 22(3): 351-362.

[31] LIAO S M, PENG F L, SHEN S L. Analysis of shearing effect on tunnel induced by load transfer along longitudinal direction[J]. Tunnelling and Under-

ground Space Technology, 2008, 23(4): 421-430.

[32] LEE C J, WU B R, CHEN H T, et al. Tunnel stability and arching effects during tunneling in soft clayey soil[J]. Tunnelling and Underground Space Technology, 2006, 21(2): 119-132.

[33] YOUNGS E G, KACIMOV A R, OBNOSOV Y V. Water exclusion from tunnel cavities in the saturated capillary fringe[J]. Advances in Water Resources, 2004, 27(3): 237-243.

[34] KAMATA H, MASHIMO H. Centrifuge model test of tunnel face reinforcement by bolting[J]. Tunnelling and Underground Space Technology, 2003, 18 (2): 205-212.

[35] 李德宏. 连拱隧道施工监测与分析[J]. 现代隧道技术, 2003, 40(1): 59-64.

[36] 邓江. 猫山公路隧道工程技术[M]. 北京: 人民交通出版社, 2002.

[37] 王军, 夏才初, 朱合华, 等. 不对称连拱隧道现场监测与分析研究[J]. 岩石力学与工程学报, 2004, 23(2): 267-271.

[38] 翟朝晖. 连体隧道新施工方法浅谈[J]. 西部探矿工程, 2003, 15(6): 90-92.

[39] 林刚, 何川. 双连拱公路隧道合理施工方法试验研究[C]// 中国公路学会隧道工程分会, 山西省交通厅. 2003 年全国公路隧道学术会议论文集. 北京: 人民交通出版社, 2003: 106-112.

[40] 余晓琳, 彭立敏, 乐小刚. 连拱隧道断面优化设计模型及其应用[C]// 上海市土木工程学会, 上海隧道工程股份有限公司. 城市交通隧道工程最新技术: 2003 上海国际隧道工程研讨会论文集. 上海: 同济大学出版社, 2003: 617-623.

[41] 余晓琳, 黄小华, 彭立敏. 软弱围岩条件下连拱隧道施工阶段的受力分析[J]. 西部探矿工程, 2002, 14(4): 66-68.

［42］佘健，何川，林刚. 连拱隧道二次衬砌在软弱围岩中的力学行为研究［J］. 现代隧道技术，2004（增刊）：312-317.

［43］赵阳，张争鹤. 偏压连拱隧道不同开挖方法的模拟分析［J］. 现代隧道技术，2004（增刊）：322-326.

［44］冯升，吕康成. 连拱隧道与小净距隧道施工过程数值模拟分析［J］. 现代隧道技术，2004（增刊）：332-337.

［45］周意志. 双联拱隧道渗漏灾害及其防治措施［J］. 西部探矿工程，2004（10）：116-117.

［46］秦峰，吴存兴. 小净距隧道开挖方法浅论［J］. 现代隧道技术，2003，40（6）：39-42，49.

［47］陈少华，刘伟. 小净距隧道的结构受力特点及工程措施［C］// 国际隧道研讨会暨公路建设技术交流大会，2002：168-173.

［48］姚振凯，黄运平，彭立敏. 公路连拱隧道工程技术［M］. 北京：人民交通出版社，2006.

［49］ZHANG X F, XIAO J Z, ZHANG Y N, et al. Study of the function of the insulation layer for treating water leakage in permafrost tunnels［J］. Applied Thermal Engineering, 2007, 27(2-3): 637-645.

［50］赵国旗. 铁路隧道衬砌开裂病害整治方法初探［J］. 岩石力学与工程学报，1996，4(4)：385-389.

［51］李武，朱合华. 连拱隧道典型裂缝、渗漏水病害调查与分析研究［J］. 安徽理工大学学报（自然科学版），2006，26(2)：20-25.

［52］苏生瑞，朱合华，李国峰. 连拱隧道衬砌病害及其处治［J］. 岩石力学与工程学报，2003，22(s1)：2510-2515.

［53］钭逢光，刘新荣，石建勋，等. 杭徽高速公路连拱隧道渗漏水分析及治理［J］. 地下空间与工程学报，2011，7(4)：764-769.

［54］刘庭金，朱合华，夏才初，等. 云南省连拱隧道衬砌开裂和渗漏水调查结

果及分析[J]. 中国公路学报，2004，17（2）：64-67.

[55] 王道良. 整体式连拱隧道渗漏水机理与防排水措施研究[D]. 重庆：重庆大学，2010.

[56] 卓越，吴全立，沈晓伟. 双连拱隧道中隔墙区域渗漏水治理技术[J]. 隧道建设，2004，24（4）：52-55.

[57] 畅学. 高速公路双连拱隧道中隔墙渗漏水的防治[J]. 山西建筑，2004，30（11）：125-126.

[58] 陈礼伟. 浅析隧道病害产生的原因[J]. 隧道建设，2004，24（2）：83-85.

[59] 张宏伟. 双连拱隧道中隔墙渗漏水治理技术浅谈[J]. 隧道建设，2002，6（2）：17-18.

[60] 崔玖江. 日本隧道与地下工程防水技术[J]. 中国建筑防水材料，1994，21（4）：34-37.

[61] 方梁正. 公路隧道渗漏与冻害防治研究[D]. 陕西：长安大学，2001.

[62] 张连成. 公路隧道防排水技术之探讨[J]. 公路交通技术，2003（4）：86-89.

[63] 朱祖熹. 城市隧道防水技术的现状与展望[J]. 地下工程与隧道，1995，2（4）：18-24.

[64] 王大为，吕康成，崔凌秋，等. 公路隧道渗流分析与涌水量预测[C]// 2001 年全国公路隧道学术会议论文集. 北京：人民交通出版社，2001：127-130.

[65] 朱祖熹. 城市隧道防水技术的现状与前景[J]. 中国建筑防水，1998（1）：5-8.

[66] 刘会迎. 公路隧道病害成因机理及防治措施[D]. 重庆：西南交通大学，2010.

[67] 朱珍德，孙钧. 裂隙岩体的渗流场与损伤场耦合分析模型及其工程应用[J]. 长江科学院院报，1999，16（5）：22-27.

[68] 周志芳，李艳. 复杂岩体地下水运动问题的有限分析法[J]. 水科学进展，1997，9(3)：240-246.

[69] 杨太华. 水—裂隙岩体相互作用理论及其应用研究[D]. 上海：同济大学，1995.

[70] KIMBALL B K, RUNKEL R R, GERNER L G. Quantification of mine-drainage inflows to Little Cottonwood Creek, Utah, using a tracer-injection and synoptic-sampling study[J]. Environmental Geology, 2001, 40(11)：1390-1404.

[71] MOLINERO J, SAMPER J, JUANES R. Numerical modeling of the transient hydrogeological response produced by tunnel construction in fractured bedrocks [J]. Engineering Geology, 2002, 64(4)：369-386.

[72] 陈建勋，昝勇杰. 寒冷地区公路隧道防冻隔温层效果现场测试与分析[J]. 中国公路学报，2001，14(4)：75-79.

[73] 吕康成，崔凌秋，解赴东. 寒区隧道春融期渗漏水原因分析及预防方法 [J]. 现代隧道技术，2001，38(4)：58-62.

[74] 耿克勤. 复合岩基的渗流、力学及其耦合分析研究及工程应用[D]. 北京：清华大学，1994.

[75] 盛金昌，速宝玉，詹美礼，等. 裂隙岩体随机渗流模型及数值分析[J]. 重庆大学学报(自然科学版)，2000(s1)：213-216，220.

[76] 郭玉龙. 渗流与应力耦合作用对边坡稳定性影响的研究[D]. 武汉：武汉理工大学，2005.

[77] 郑宏. 关于岩土工程有限元分析中的若干问题[J]. 岩土力学，1995，16 (3)：549-554.

[78] 王媛. 单裂隙面渗流与应力的耦合特性[J]. 岩石力学与工程学报，2002，21(1)：83-87.

[79] 孙广忠，林文祝. 结构面闭合变形法则及岩石弹性本构方程[J]. 地质科学，1983(2)：81-87.

［80］R E 古德曼. 不连续岩体中的地质工程方法［M］. 北方交通大学隧道与地质教研室，译. 北京：中国铁道出版社，1980.

［81］BANDIS S C，LAMSDEN A C，BARTON N R. Fundamentals of rock joint deformation［J］. Inlernational Journal of Rock Mechanics and Mining Science and Geomechanics Abstrads，1983，20(6)：249-268.

［82］李海滨，沙爱民. 基于改进 AHP 的模糊评价在路面质量控制中的应用［J］. 山东农业大学学报(自然科学版)，2008(4)：583-588.

［83］CUZZELLI F，CARRARA A，CARDINALI M，et al. Landslide hazard evaluation：a review of current techniques and their application in a multi-scale study［J］. Geomorphology，1999，31(1-4)：181-261.

［84］CLERICI A，PEREGO S，TELLINI C，et al. A GIS-based automated procedure for landslide susceptibility mapping by the conditional analysis method：the Baganza Valley case Study (Italian Northern Apennines)［J］. Environmental Geology，2006，50(6)：941-961.

［85］聂洪峰，祁生文，孙进忠，等. 重庆市区域稳定性层次分析模糊综合评价［J］. 工程地质学报，2002，10(4)：408-414.

［86］鲁道洪. 基于 AHP 的模糊综合评判在公路地质灾害的危险性评价［J］. 四川地质学报，2009，29(3)：357-360.

［87］荆洪英，张利，闻邦椿. 基于层次分析法的产品设计质量权重分配［J］. 东北大学学报(自然科学版)，2009，30(5)：712-715.

［88］张卫中，陈从新，张敬东. 改进的 AHP 及其在地灾易发程度分区中的实践［J］. 土木建筑与环境工程，2009，31(2)：85-91.

［89］李志厚. 连拱隧道病害调查分析［J］. 中国公路学报，2002，27(3)：62-64.

［90］纪伟. 裂隙岩体渗流等效性及数值模拟研究［D］. 江苏：河海大学，2005.

［91］王媛，速宝玉. 单裂隙面渗流特性及等效水力隙宽［J］. 水科学进展，2002，13(1)：61-68.

［92］邬强. 齐岳山隧道涌水量预测的研究［D］. 重庆：西南交通大学，2006.

［93］黄涛，杨立中. 渗流与应力耦合环境下裂隙围岩隧道涌水量的预测研究
［J］. 铁道学报，1999，21（6）：75-80.

［94］杨立中，黄涛，钟生军. 隧道含水围岩体非均质各向异性渗透特性的研究
［J］. 铁道工程学报，1996（2）：63-69.

［95］ZHANG Z D. Discussion on underground water treatment and structure design
of mountain tunnel［J］. Journal of Railway Engineering Society，1995（1）：
103-111.

［96］蒋忠信. 隧道工程与水环境的相互作用［J］. 岩石力学与工程学报，2005，
24（1）：121-127.

［97］郭东屏. 地下水动力学［M］. 西安：陕西科学技术出版社，1994.

［98］杨金忠，蔡树英，王旭升. 地下水运动数学模型［M］. 北京：科学出版
社，2009.

［99］杨天鸿，唐春安，朱万成，等. 岩石破裂过程渗流与应力耦合分析［J］. 岩
土工程学报，2001，23（4）：489-493.

［100］李权. ANSYS 在土木工程中的应用［M］. 北京：人民邮电出版社，2005.

［101］NOURISHED J. AYATOLLAH M S，WITHERSPOON P A. A finite-element
method for coupled stress and fluid flow analysis in fractured rock masses［J］.
International Journal of Rock Mechanics and Mining Science and Geomechan-
ics Abstracts，1982，19（4）：185-193.

［102］张国华，宋军. 双跨连拱隧道防排水技术［J］. 西部探矿工程，2002（3）：
82-84.

［103］揭德萍，彭德潭. 浅谈公路隧道的防治水对策［J］. 湖南交通科技，2002，
28（1）：68-69.

［104］汪海滨. 山岭隧道地下水规律及防治方法研究［D］. 重庆：西南交通大
学，2002.

［105］黄成光. 隧道防排水设计及渗漏水病害的防治［J］. 云南交通科技，2001，17(2)：60-62.

［106］杨秋林，文志严. 浅谈双连拱隧道的防水治理［J］. 西部探矿工程，2005(3)：134-135.

［107］周翠英，彭泽英，尚伟，等. 论岩土工程中水—岩相互作用研究的焦点问题：特殊软岩的力学变异性［J］. 岩土力学，2002，23(1)：124-128.

［108］杨晓东. 锚固与注浆技术手册［M］. 2版. 北京：中国电力出版社，1999.

［109］仵彦卿，张悼元. 岩体水力学导论［M］. 成都：西南交通大学出版社，1995.

［110］郑少河，朱维申. 裂隙岩体渗流损伤耦合模型的理论分析［J］. 岩石力学与工程学报，2001，20(2)：156-159.

［111］朱珍德，张勇，徐卫亚，等. 高围压高水压条件下大理岩断口微观机理分析与试验研究［J］. 岩石力学与工程学报，2005，24(1)：44-51.

［112］郝文化. ANSYS 土木工程应用实例［M］. 北京：中国水利水电出版社，2005.

［113］重庆市交通科学研究院. 公路隧道设计规范：JTG D70-2004［S］. 北京：人民交通出版社，2004.

［114］ROGER H，PER ANDERS P. Design of tunnel perimeter blast hole patterns to prevent rock damage［J］. Institution of Mining & Metallurgy，1979，89(6)：37-40.

［115］EVERT H. Big tunnels in bad rock［J］. Journal of Geotechnical and Geo environmental Engineering，2001，127(9)：726-740.

［116］ANON. Recommendations for the treatment of water inflows and outflows in operated underg-round structure［J］. Tunnelling and Underground Space Technology，1989，4(3)：343-407.

［117］LI T，ZUO Q，MENG L，et al. An Approach on the Types and Mechanisms of Water Inrush in Traffic Tunnel Constructions in China［M］. Germany：Springer International Publishing，2015.

［118］DAVID M. Unconfined groundwater flow calculation into a tunnel［J］. Journal of Hydrology，1985，82(1-2)：69-75.

［119］毛昶熙. 渗流计算分析与控制［M］. 北京：中国水利水电出社，2003.

［120］TSANG Y W. The Effect of Tortuosity on Fluid Flow Through a Single Fracture［J］. Water Resources Research，1984，20(9)：1209-1215.

［121］于布，尹小玲. 水力学［M］. 2 版. 广州：华南理工大学出社，2007.

［122］荣耀，蔡晓鸿. 海底隧道开裂衬砌的渗漏量计算分析［J］. 南昌工程学院学报，2006，25(3)：7-10.

［123］童海涛，宋汉周. 水—岩作用系统的随机水文地球化学模拟［J］. 水科学进展，2004，15(2)：211-215.

［124］郑西来，刘鸿俊. 山东氧化铝场地下水系统的环境地球化学反应模型［J］. 地球化学，1990，9(3)：270-276.

［125］陈芸，高明. 水—岩作用模型及其在水-玄武岩反应研究中的应用［J］. 南京大学学报(自然科学)，1994(1)：118-123.

［126］WONG R H C，LEUNG W L，WANG S W. Shear strength studies on rock-link models containing arrayed open joints［J］. Rock Mechanics in National Interest，Ellsworth，Induce and Hensley(ads)，2001(7)：843-849.

［127］杨天鸿. 岩石破裂过程渗透性质及其与应力耦合作用研究［D］. 沈阳：东北大学，2001.

［128］KWICKLIS E M，HEALY R W. Numerical investigation of steady liquid Water flow in a variably saturated fracture network［J］. Water Resources Research，1993，29(12)：4091-4102.

［129］蒙彦，雷明堂. 岩溶区隧道涌水研究现状及建议［J］. 中国岩溶，2003，22(4)：287-292.

[130] 朱大力，李秋枫. 预测隧道涌水量的方法[J]. 工程勘察，2000，19(4)：18-22，32.

[131] HSIEH P A，NEUMANN S P. Field determination of the Three-Dimensional Hydraulic Conductivity Tensor of Anisotropic Media：Ⅰ Theory[J]. Water Resources Research，1985，21(11)：1655-1665.

[132] 王锦国，周志芳，等. 水—岩作用线性规划模型与应用研究：以溪洛渡水电工程为例[J]. 水科学进展，1999，10(2)：118-122.

[133] J.贝尔著. 多孔介质流体动力学[M]. 李竞生，陈崇希，译. 北京：中国建筑工业出版社，1983.

[134] VINCENT S D，WILLIAMS R E，BLOOMSBURG G L. Groundwater flow patterns in the vicinity of underground openings in unsaturated rock[J]. Journal of Hydrology，1991，127(1-4)：1-21.

[135] 杨会军，李丰果. 深埋长大隧道地下水处理技术[J]. 矿产勘查，2006(3)：63-65.

[136] 周志芳，李艳. 复杂岩体地下水运动问题的有限分析法[J]. 水科学进展，2006，9(3)：204-246.

[137] 张闽湘. 昆仑山隧道渗漏水治理方案[D]. 重庆：重庆交通大学，2009.

[138] 徐芝纶. 弹性力学[M]. 5版. 北京：高等教育出版社，2016.

[139] 赖远明，吴紫汪，朱元林，等. 寒区隧道冻胀力的粘弹性解析解[J]. 铁道学报，1999，21(6)：70-74.

[140] 王建宇，胡元芳. 隧道衬砌冻胀压力问题初探[J]. 铁道工程学报，2004，81(1)：87-93.

[141] 邓刚，王建宇，郑金龙. 寒区隧道冻胀压力的约束冻胀模型[J]. 中国公路学报，2010，23(1)：80-85，110.

[142] 石建勋，刘新荣，刘元锋，等. 隐块体在连拱隧道工程中引起的灾害[J]. 地球物理学进展，2010，25(6)：2199-2203.

[143] 王思敬，杨志华，刘竹毕. 地下工程岩体稳定分析[M]. 北京：科学出版社，1984.

[144] 陈乃明，刘宝琛. 块体理论的发展[J]. 矿冶工程，1993，13(4)：15-18.

[145] 盛谦，黄正加，邬爱清. 三峡工程地下厂房随机块体稳定性分析[J]. 岩土力学，2002，23(6)：747-750.

[146] 肖宽怀，刘浩，孙宇，等. 地震 CT 勘探在昆石公路隧道病害诊断中的应用[J]. 地球物理学进展，2003(3)：472-476.

[147] 许强，黄润秋，巨能攀，等. 边坡岩体块体稳定性分析系统的开发与研究[J]. 工程地质学报，2001，9(4)：408-413.

[148] 怀超. 关键块体理论在高速公路连拱隧道围岩稳定性分析中的应用[D]. 西安：长安大学，2005.

[149] 谢晔，刘军，李仲奎，等. 在大型地下开挖中围岩块体稳定性分析[J]. 岩石力学与工程学报，2006，25(2)：306-311.

[150] KUSZMAUL J S, GOODMAN R E. Analytical Model for Estimating Key blocks Sizes in Excavation Jointed Rock Masses[J]. Fractured and Jointed Rock Masses, Rotterdam：Blackman，1995(8)：19-26.

[151] 姚振凯. 公路连拱隧道工程技术[M]. 北京：人民交通出版社，2006.

[152] 刘永华. 高速公路隧道安全性评价研究[D]. 成都：西南交通大学，2004.

[153] 邹翀，罗琼，李治国，等. 圆梁山隧道衬砌裂缝及渗漏水治理技术[J]. 现代隧道技术，2004，41(5)：52-57+64.

[154] HAACK A, SCHRETER J, JACKEL G. Report to ITA Working Group on Maintenance and Repair of Underground Structures. Report on the damaging effects of water on tunnels during their working life[J]. Tunnelling and Underground Space Technology，1995，10(4)：413-426，429-431.

[155] 崔京浩. 光面爆破[J]. 工程力学，2003(s1)：32-44.

[156] 朱汉华，尚岳全，等. 公路隧道设计与施工新法[M]. 北京：人民交通出

版社，2002．

[157] 王春梅．日本公路隧道的恶化状况及防治对策［J］．世界隧道，1997，6（6）：29-33．

[158] YEE K S. Numerical solution of initial boundary value problems involving Maxwell´s equations in isotropic media［J］. IEEE Transation on Antennas and Propagation，1966，14（3）：302-307．

[159] CARCIONE，JOSÉ M. Radiation patterns for 2-D GPR forward modeling［J］. Geophysics，1996，63（2）：424-430．

[160] 张鸿飞，程效军，高攀，等．隧道衬砌空洞探地雷达图谱正演模拟研究［J］．岩土力学，2009，30（9）：2810-2814．

[161] 王复明，张鸿飞，张蓓，等．地质雷达在公路隧道衬砌病害识别中的应用［J］．西部探矿工程，2009，19（11）：1210-1216．

[162] 叶应良．地铁隧道衬砌脱空和渗漏水病害雷达探测研究［D］．汕头：汕头大学，2005．

[163] 郭有劲．地质雷达在隧道质量衬砌检测中的应用效果［J］．地质装备，2001，4（2）：20-22．

[164] 韦宏鹄，杨顺安，章根德．基于 MATLAB 小波分析的软地基加固探地雷达检测处理方法［J］．地质科技情报，2002，21（2）：109-112．

[165] 秦前清，杨宗凯．实用小波分析［M］．西安：西安电子科技大学出版社，1995．

[166] 杨福生．小波变换的工程分析与应用［M］．北京：科学出版社，1999．

[167] 刘翠容，姚令侃．隧道工程地下水处理与生态环境保护［J］．铁道建筑，2005（3）：24-27．

[168] 贺学海，张德强，邵景力，等．地下水对隧道工程安全性的影响分析［J］．工程勘察，2004（3）：25-27．

[169] 黄小年．探地雷达在隧道病害检测中的应用与研究［D］．成都：成都理工

大学，2008.

［170］邓小燕，王通. 探地雷达探测中对媒质相对介电常数的测定［J］. 物探与
化探，2008，33（1）：43-45.

［171］吴忠杰. 地质雷达在岩溶隧道地质超前预报中的应用［J］. 公路交通科
技，2010，07（67）：219-224.

［172］LOUIS C, MAINI Y N. Determination of in-situ hydraulic Parameter in
jointed rock［C］. International Society of Rock Mechanics Prceedings，1970，
1（1-33）：235-245.

［173］黄鹏. 神朔线隧道衬砌渗漏水病害的整治［J］. 铁道建筑，2004（10）：
39-42.

［174］PAPADOPOULOS I S. Nonsteady Flow to a Well in an Infinite Anisotrop Aq-
uifer［C］. Item. Assoc. Sci. Hydro. Proc Dubrovnik Symposium on the Hy-
drology of Fractured Rocks，1965，1（73）：21-31.

［175］HANTUSH M S, THOMAS R G. A method for analyzing a drawdown test in
anisotropic aquifers［J］. Water Resources Research，1966，2（2）：281-285.

［176］BOWER HERMAN, RICE R C. A slug test for determining hydraulic con-
ductivity of unconfined aquifers with completely or Partially penetrating wells
［J］. Water Resources Research，1976，12（3）：423-428.

［177］MAS-PLA J, YEH T, WILLIAMS T M, et al. Analyses of Slug Tests and
Hydraulic Conductivity Variations in the Near Field of a Two-Well Tracer Ex-
periment Site［J］. Ground Water，1997，35（3）：492-501.

［178］WYLIE A, WOOD T R. A Program to Calculate Hydraulic Conductivity
Using Slug Test Data［J］. Ground Water，1990，28（5）：783-786.